新国货

品牌打造、跨界创新与营销重构

赵致毅 著

化学工业出版社

·北京·

内容简介

本书基于作者多年经验，结合国潮中涌现出的典型国货案例，全面解密新国货运营规律，帮助国内中小企业打造一个富有特色的、受大众青睐的国货品牌，打开国内年轻人的消费市场。

第1章总述自2015年以来市场上涌现出的国货潮，包括发展现状、发展阶段、原因和意义；第2章简述新国货的三大特征，让读者对什么是真正的好国货产生整体的认识；第3～9章分别从品质提升、品牌打造、品牌文化情怀、产品运营、营销宣传推广、体验升级和服务完善7个方面，详细阐述如何做好新国货从前期设计生产到后期营销、服务等具体的工作；第10章是全书的升华与总结，精选案例进行解读分析，从实战的角度阐述国货企业经营管理的理论、方法和技巧。

本书不仅可供从事产品运营、营销和销售的人员阅读，还适合希望借助国货展开品牌打造、品牌传播和宣传推广以及产品销售的企业、团体、机构等参考，也适合普通大众阅读。

图书在版编目（CIP）数据

新国货：品牌打造、跨界创新与营销重构 / 赵致毅著. — 北京：化学工业出版社，2022.8
ISBN 978-7-122-41440-3

Ⅰ. ①新… Ⅱ. ①赵… Ⅲ. ①品牌营销-研究-中国 Ⅳ. ①F279.23

中国版本图书馆 CIP 数据核字（2022）第 091042 号

责任编辑：卢萌萌 加工编辑：李 曦
责任校对：杜杏然 装帧设计：水长流文化

出版发行：化学工业出版社（北京市东城区青年湖南街 13 号 邮政编码 100011）
印　　装：大厂聚鑫印刷有限责任公司
710mm×1000mm　1/16　印张 11½　字数 191 千字　2022 年 10 月北京第 1 版第 1 次印刷

购书咨询：010-64518888 售后服务：010-64518899
网　　址：http://www.cip.com.cn

凡购买本书，如有缺损质量问题，本社销售中心负责调换。

定　价：59.00元　　　　　　　　　　　　　　　　　　版权所有　违者必究

前言

"国货已自强,国潮正当时",新一波国货运动正在带来新的消费革命,随着商业、科技、文化的全面发展,国人的民族自信心得到很大提升,民族认同感和文化自信不断增强。

在科技创新、民族自信的时代背景下,国潮也全面深化,国货的热度也随之上涨,涉及时尚、美食、美妆、汽车、家具、科技、游戏等多个领域,从吃穿住行用到科技文化。

国潮势不可挡,尤其是近几年(普遍认为是2015年后),国货存在感越来越强,品牌关注度和销售量全面反超国际品牌。2021年国货在网络上的搜索热度是"洋货"的3倍,逐渐从"追随者"向"引领者"发展。

2015年,在国内年轻人中掀起了一轮国货潮。老字号国货,以及一些新兴品牌,在90后、00后消费群体中备受青睐。据多项调研结果显示,年轻人对国货的兴趣度占到总消费人群的70%以上。据阿里研究院发布的《2020中国消费品牌发展报告》显示,国货品牌线上市场占有率已经达到72%。

老字号推陈出新、焕发第二春,新品牌标新立异、后来者居上,一个个国货品牌强势崛起,迎来空前爆发期。在运动鞋服领域,国潮概念一直走得很靠前。李宁、安踏等国内鞋服企业成了各大国际时装周的常客,"中国李宁"等一些潮流品牌被年轻人所青睐,同时也带动国内其他运动类品牌业绩的大爆发。

新国货以其新品类、新技术、新审美、新渠道、"新"文化，在国际市场实现了弯道超车，品牌竞争力大大增强。它在国际上掀起了一股中国"新国潮"风尚，同时以自己的品牌故事和品牌气质诠释着新时代精神和价值取向，展示着中国美学、中国精神和中国效率。

本书全面解读国货品牌的运营、管理和营销升级，包括如何打造品牌力，如何对产品进行运营和升级，如何融入独特的文化元素，如何接轨新媒体和重构营销格局，如何完善体验和服务等。让读者了解各个领域背后的中国文化、国货品牌和国货力量。

限于笔者时间及水平，部分内容可能存在疏漏与不足之处，敬请广大读者批评指正。

目录

第 1 章　新国货掀起的"国潮"风

- 导读　中国品牌日助推国潮新风尚　　1
  - 1.1　国货迎来春天，引发消费热潮　　2
  - 1.2　国货走出国门，登上世界舞台　　5
  - 1.3　国货引发消费热潮的意义　　8
  - 1.4　国货引发消费热潮的原因　　10
  - 1.5　国潮的定义和3个发展阶段　　12

第 2 章　新国货三大标签：好看、好用、不贵

- 导读　小米手机为什么会成为国民手机？　　16
  - 2.1　好用：实用性强，更符合国人使用习惯　　18
  - 2.2　好看：打造产品颜值，丢掉"土包子"形象　　20
  - 2.3　不贵：性价比高是国货崛起的主要因素　　22

第 3 章　狠抓质量：硬核品质成就极致"产品力"

- 导读　飞鹤以硬核品质赢得国人信赖　　26
  - 3.1　质量回归，是国货崛起的根本原因　　27
  - 3.2　积极创新，与高仿山寨说再见　　29
  - 3.3　加大研发投入，推进产品迭代　　30
  - 3.4　从制造到创造，实现品牌升级　　32
  - 3.5　发扬工匠精神，将产品做到极致　　34

第 4 章　打造品牌：品牌影响力越大，市场占有率越高

- 导读　国货日化品牌集体消失的背后　37
- 4.1　提升品牌力，重塑国货形象　37
- 4.2　品牌打造源于超强的品牌意识　40
- 4.3　正确认识品牌意识的3个内容　42
- 4.4　加强建设，发挥品牌聚焦作用　44
- 4.5　品牌建设的5项基本内容　45
- 4.6　提升品牌价值的4大策略　49
- 4.7　提升品牌知名度和美誉度　52
- 4.8　建立完整的宣传渠道链条　54
- 4.9　发挥自身优势，实现差异化竞争　57

第 5 章　融入文化：善于与文化结合，打造品牌文化

- 导读　故宫用传统文化打造特色口红　60
- 5.1　立足文化，赋予国货新生命力　61
- 5.2　引经据典，打造中国特色国货　64
- 5.3　时尚潮流，吸引年轻人的目光　67
- 5.4　注入情怀，情怀是一种消费力　69
- 5.5　挖掘文化创意，做泛文创产品　71
- 5.6　利用外来文化进行文化创新　73

第 6 章　产品运营：深耕产品，打造品牌核心竞争力

- 导读　中国联塑以人才驱动，以创新为核　77
- 6.1　利用迭代思维，对产品进行更新升级　78
- 6.2　功能差异化，满足消费者个性需求　80
- 6.3　着眼于细分，挖掘看不见的市场潜力　83
- 6.4　注重设计，打造别致"视觉体验"　86
- 6.5　管控价格，从另一个角度衡量价值　90

第 7 章 重构营销：用消费者喜欢的方式去宣传推广

- 导读　蜜雪冰城颠覆传统的营销模式　94
- 7.1　投放社交平台：利用社交吸引新消费人群　95
- 7.2　上线淘宝天猫：抢占最大的线上流量池　98
- 7.3　开通移动端店铺：打通线上营销最后一环　101
- 7.4　开通抖音电商：打造更全更新的消费体验　104
- 7.5　入驻高端精品商超：打通线上线下消费场景　107
- 7.6　招商加盟做连锁：稳定客源节省成本　109
- 7.7　跨界联名营销：勇于创新，资源共享　113
- 7.8　突出内容营销：让产品自带种草内容　116
- 7.9　重视个性表达，营造消费者舒适度　119
- 7.10　全渠道布局，打造DTC营销闭环　122

第 8 章 提升体验：体验好是消费者愿意花钱的主要理由

- 导读　上海思南书局体验式营销　125
- 8.1　国货经济：从传统经济转向体验经济　125
- 8.2　竞争优势：体验经济下的产品优势　127
- 8.3　感官体验：创造愉悦的消费过程　130
- 8.4　行为体验：鼓励消费者用行动积极参与　132
- 8.5　情感体验：兼顾消费过程中的情绪变化　136
- 8.6　场景化体验：利用新技术打开体验新蓝海　138

第 9 章 完善服务：服务是强化用户忠诚度的最后拼版

- 导读　国货应向奔驰学服务契约精神　141
- 9.1　增强服务意识：实现产品驱动到服务驱动的转变　143
- 9.2　提高服务质量：服务是机会而不是成本　144
- 9.3　优质国货品牌＝过硬产品+增值服务　147
- 9.4　一站式服务：售前、售中、售后全流程服务　149
- 9.5　反馈服务：及时收集用户的产品使用意见　152

第 10 章　实例解析：典型国货品牌经营管理实战

10.1	花西子：逆袭爆发成为彩妆头部品牌	154
10.2	回力：顺应潮流重新焕发飞跃精神	157
10.3	永璞咖啡：凭什么成为"办公室新宠"	161
10.4	佩妮6+1：向传统品牌学习，做宽做长赛道	164
10.5	睡眠博士：创新深耕产品，打造品牌矩阵	167
10.6	90分旅行箱：引领时尚，专注年轻人市场	171
10.7	恒洁：勇于超越，打造卫浴界的新国货	173

第1章 新国货掀起的"国潮"风

导读 ▏ 中国品牌日助推国潮新风尚

每年5月10日是"中国品牌日",该节日于2017年由国务院批准设立,并于同年在北京举办了第一届活动。其宗旨在于讲好中国品牌故事,并通过中央电视台、各级电视台和广播电台以及平面、网络等媒体同步传播,把国货品牌推广出去。

截至2021年,"中国品牌日"已经走过了5个春秋,每年的这一天都会举办不同主题的品牌活动。集中宣传、展示一年内国货品牌发展的新成果、新形象。如表1-1所列的是2017~2021年中国品牌日情况。

表1-1　2017~2021年中国品牌日情况

年份	举办地	主题	备注
2017年	北京	品牌的力量	发布"中国品牌日宣言"
2018年	上海	中国品牌世界共享	正式对外发布中国品牌日标识
2019年	上海	中国品牌,世界共享;加快品牌建设,引领高质量发展;聚焦国货精品,感受品牌魅力	以设立自主品牌消费品体验区及地方自行开展的特色活动为特色
2020年	线上云端北京上海多地同步	中国品牌,世界共享;全面小康,品质生活;全球战"疫",品牌力量	受疫情影响首次全程线上举办,充分利用互联网平台,运用三维虚拟现实等技术,兼顾电脑和手机终端服务
2021年	上海	中国品牌,世界共享;聚力双循环,引领新消费	首次实现线上线下同步进行

随着我国经济的发展,居民收入快速增加,中等收入群体持续扩大,消费结构不断升级,消费者对产品和服务提出更高要求,更加注重品质和品牌,呈

现出个性化、多样化、高端化、体验式的消费特点。

国家设立品牌日，顺应了经济发展的大趋势，是今后一段时期加快经济发展方式由外延扩张型向内涵集约型转变，由规模速度型向质量效率型转变的重要举措。同时，能充分发挥品牌引领作用，推动供给结构和需求结构升级，无论对国货生产企业，还是消费者都是十分有利的。

对国货生产企业而言，有利于提升产品品质，增加有效供给，实现价值链升级，激发企业创新创造活力；对于消费者而言，有利于树立自主品牌消费信心，挖掘消费潜力，引领消费升级，创造新需求，满足人们更高层次的精神文化需求。

1.1 国货迎来春天，引发消费热潮

国货，是根植在每个人记忆中的生活体验印记，是一种民族归属感，也是一种中国印象。随着国内经济的崛起，大众消费意识的转变，以及国货企业品牌意识的增强，市场上涌现出了一波国货。大到飞机、火车、汽车，小到住行用日常品，国货品牌迅速崛起，很多领域已经打破了国际外来品牌的垄断局面。

"国潮"是由"国家"和"潮牌"共同组成的，国潮风首先在线上刮起。有数据显示，2021年"618"期间，某购物平台上100多个成交额破亿元的品牌中，国货品牌占60%以上。

▼ 案例1-1

完美日记是国货美妆品牌中新崛起的一个品牌，它的发展历程展现出教科书级的典范。

借助小红书精准地面向新一代年轻女性，持续制造话题；打造爆款，通过大促销前预热，快速冲击销量；投放初级达人和腰部达人而非大明星，拉近与普通消费者的心理距离；通过微信朋友圈打造素人博主KOC（key opinion consumer），即关键意见消费者，通过一系列移动互联网营销和运营手段，吸引新一代消费者的注意。

案例1-2

美妆品牌花西子联合头部主播推出了独具风格的傣族印象系列。而另一个国货产品完美日记则"牵手"另一个头部主播，预售加购自己的产品。两大头部主播双双助力，送"国潮"单品出道。

除头部主播外，还有越来越多的普通主播推荐国货，2021年"双十一"期间，很多主播纷纷联合国货品牌，推出"国潮"产品。如图1-1所示即是某带货主播推荐的国货纸巾品牌，受到粉丝诸多好评。

图1-1 某带货主播推荐的国货纸巾受到好评

当然，国潮不只体现在电商平台、自媒体上，线下渠道也助力"国潮"风。比如，国潮店铺、国潮馆、国潮集市等让年轻人不再只青睐国外品牌，把视线转到国货上。再比如，很多线下商场搞国潮产品售卖活动，有些专门划出地方，打造特色国潮集市。

案例1-3

南京熙南里有一个特殊的集市：国潮集市。这个集市是南京推出的首家国货集市，将老南京的韵味与烟火气充分融合在了一起。集市入口打出"古风古韵古街、潮吃潮喝潮玩"的条幅，里面销售的大都是与老南京有关的物件，包含小型花灯、葫芦画、手工画等。每天来这里购物的人很多，各个摊主的生意也异常火爆。

南京的这个国潮集市体现出传统与现代、历史与未来相融合的趋势，目的就是拉动国货消费，满足大众多样性需求与休闲体验，创新传统业态。

国货"春天"的来临不仅仅体现在企业、商家、品牌方层面，更多的是在消费者层面，国货已经引发了一股消费潮流。

案例1-4

在2021年第五个"中国品牌日"前夕，新京报做过一份网上问卷调查。结果如图1-2所示，85.59%的受访者穿过国货品牌的服装，73.73%的受访者穿过国货品牌的鞋；77.12%的受访者用过国货品牌家电；79.66%的受访者对国货食品情有独钟；50.85%的受访者使用过国货品牌化妆品。

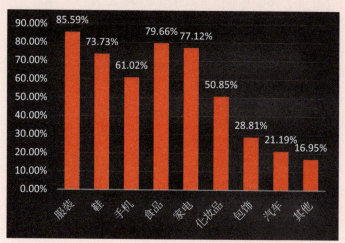

图1-2 国货使用情况调查结果

图1-2说明消费者不再迷恋国外品牌，开始倾向于国货，尤其是本就占优势的服装、鞋帽、家电、食品、化妆品等品类消费比例都达到50%以上。国货品牌已经融入国人生活的方方面面，通过商超、电商网络、自媒体带货等多种渠道送到消费者手中，崛起之路势不可挡。

与此同时，国货的消费群体也发生了巨大变化，呈现出全民爱"国潮"的局面。据百度与人民网研究院联合发布的"百度2021国潮骄傲搜索大数据"显示，全民关注国潮，90后占48.6%，是主力军，00后占25.8%，成为最大潜力股，具体如图1-3所示。

图1-3 国货相关内容关注年龄分布

对于国货，年轻消费者可谓是乐在其中，纷纷在社交平台上晒国货，如图1-4所示。对于年轻消费者而言，买国货、用国货、晒国货，已经成为一种新的日常生活方式。而融入中国传统文化元素的产品日渐成为消费时尚。

"晒国货"已经成为国人的日常行为，也是消费者以实际行动在支持国货品牌，从传播角度看无形中又形成二次传播，通过消费者的口口相传，美誉度、曝光度得到大大提升，可以预见，国货迎来了春天，成为一种新潮流。

涌现国货购买热潮彰显出国货巨大的潜力，这不仅仅是一时的潮流，而是市场必然的选择。一方面是国货生产企业自改革开放后，经过几十年的蛰伏，开始进入快速上升通道，国货品牌品质进一步提高，技术进一步成熟，再加上创新的产品设计、精准的营销策略，催生了一个个国货爆款。另一方面是中国优秀传统文化的复兴，我国历史源远流长，很多国货品牌背后都蕴含着深厚的文化底蕴。当下发生

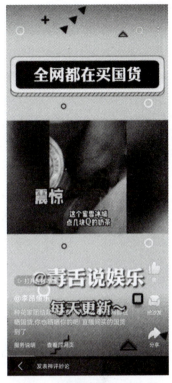

图1-4 某博主在"B站"晒蜜雪冰城

的国货风潮，很大一部分是基于国内消费者对本国文化的认可，爱国热情使然。比如，"百年老店"推陈出新，让年轻消费者感到"潮"的惊喜；许许多多的新国货品牌努力挖掘背后的文化，赋予文化标签，聚力打造新"文化招牌"。文化复兴是国货潮的根本原因，更是推动国货生产企业行稳致远的最大动力。

1.2 国货走出国门，登上世界舞台

国货在国内迎来高潮的同时，在国际上也引起强烈反响。随着"国货""国潮"概念的日益发展，从中国制造到中国创造的步伐正促使着一些优质的国货品牌冲出国门，走向世界。

▼ 案例1-5

大白兔奶糖曾是国人的心头爱，现如今也成了全球很多外国消费者的挚爱。有一段时间，"大白兔"便成了美国现象级的"网红"，曾有一家冰激凌店推出了"大白兔"味冰激凌，号称每个冰激凌都含有1颗大白兔奶糖。一时间"大白兔"开始在ins上疯狂刷屏，各种型号都蹭蹭蹭地冒出来，"大白兔"从此爆火。

有些国货是先在国际市场上火起来后，再传到国内才引发消费热潮，成为网红产品。比如，以国民床单、国民搪瓷缸、国民痰盂为代表的"国民三件套"，就在国际市场带动了一大批华裔的怀旧潮。搪瓷缸、痰盂爆红海外电商平台，与此同时，消息传回国内，竟带动国内各电商平台痰盂销量应声大涨，20世纪60年代的"中国传统果篮"或"冰酒容器"身价暴涨几十倍，迎来了"高光时刻"。

品牌强国正在成为展现国家文化的重要纽带，也成为经济全球化浪潮中中国经济决胜的重要表现和关键指标。国货品牌国际化已进入了一个"新时代"，一大批国货品牌正在走向世界，与国际品牌展开竞争。国家也积极鼓励国货品牌进入国际市场，制定了品牌强国发展战略。

然而，在国货品牌登上国际舞台的过程中，企业需要做好4项工作，具体如图1-5所示。打造全方位、多视角、多层次的对外品牌传播链条，让世界看到国货品牌的崛起。

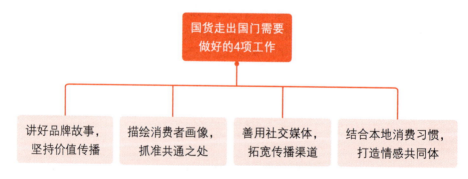

图1-5　国货走出国门需要做好的4项工作

（1）讲好品牌故事，坚持价值传播

在品牌出海的过程中，必须坚持有利于主流价值观的传播，展示中华文化的时代风采。将中国故事中的中国文化、中国思想嵌入文化产品、信息产品、新媒体技术的应用中，在新的赛道上抢占先机，争夺话语权。

例如，华为发布鸿蒙系统，英文译名HarmonyOS，将中国故事中的"和谐""发展"内涵借助品牌的出海，将价值导向传递给世界，建立品牌认同。

（2）描绘消费者画像，抓准共通之处

消费者更注重个性化、高品质，更注重体验方式，这对品牌的外在质感和个性化定制提出了更高的要求。因此，新媒体时代面向海外受众，需要采取差异化、分众化的品牌传播策略，精准描绘海外消费者画像，提高对外传播的针对性，才能让品牌推广更有力。

所以，品牌在对外推广时应抓准共通的意义空间。抖音在2017年推出了国际版本TikTok，快手也在同年进入俄罗斯和韩国。在蓝海中抢占机遇，迎合消费者的心理需求，使中国品牌传播的广度和深度得到最大程度的拓展。

（3）善用社交媒体，拓宽传播渠道

面对国货品牌国际化的背景，国货生产企业应当拓展海外传播渠道，发挥"借船"功能，充分利用互联网、海外媒体渠道特别是社交媒体平台进入当地市场，让国内品牌被更多受众知晓。

▼ **案例 1-6**

Anker（安克），一个3C电子消费品牌，一直被误认为是海外公司，却是纯纯的国货品牌。2021年，Anker以793分位居3C电子消费品牌第13位，此前，Anker曾连续三年进入BrandZ"中国出海品牌50强"榜前十强，全球用户超8000万，畅销100多个国家和地区。

Anker主打海外市场，2011年在海外电商平台做自有品牌，在国内是属于比较早的一批。仅凭借着一块充电宝，一年赚走老外66个亿，超越大疆、海尔，几乎垄断了充电宝、数据线这一行业。

一家名不见经传的民企，为什么如此能打？其营销能力不可低估。Anker几乎不打广告，但善于新玩法，找大V们合作，免费给大V们寄送产品，邀请他们写测评和软文，并将链接指向亚马逊店铺。还有现在火遍各地的KOL（关键意见领袖）、KOC（关键意见消费者）营销，他们很早就很精通。当年他们做了一个用数据线拉车的广告，数据线不仅完好无损，还能继续充电。因此也有了拉车线的说法。

凭借着信息差+病毒式营销，Anker年年赚翻，学习Anker，也成为每个想要进入跨境电商领域的企业的必修课。

（4）结合本地消费习惯，打造情感共同体

拉扎斯菲尔德曾说："归根结底，没有哪种媒介比人更能打动其他人。"关系是最好的传播媒介，在国内品牌出海推广的过程中，要避免以"刻板印象"决定国外受众的心理状态和需求，需要考虑国外受众的语言习惯、文化风俗、心理特点。

根据这些不同的特点，从受众的角度进行品牌传播，从大范围的"泛"传播转向有针对性的"窄"传播，利用品牌积极地与外国受众构建情感共同体，在情感认同中消除对中国的抵触情绪，按照国家要求建立"有责任担当的国货企业"和"有温度的品牌"。

1.3 国货引发消费热潮的意义

2022年1月6日，抖音发布的《2021抖音电商国货发展年度报告》显示，国货开始崛起。报告中提到，2021年1~12月，抖音电商国货品牌销量同比增长667%，国货占有率高达89%，如图1-6所示。

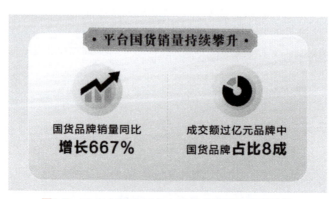

图1-6 2021年抖音平台上国货品牌销量增长数据

而在一些爆款榜单中，国货数量占比高达9成，在成交额过亿元的品牌中，国货品牌占比8成，同比增长840%。

如果将这些品牌现在的形象与之前对比，可以发现大部分都已经撕掉了"土""保守""代工""促销"的标签，转战于"国潮""原创设计"等。很多优秀的国货品牌已经走出国门，比如李宁、波司登陆续登陆纽约时装周，他们设计的一些联名款在网上"一件难求"。而安踏、贵人鸟、海澜之家等也开始向时尚、休闲方向探索，将视角转向聚焦差异化、个性化的消费需求，积极拥抱消费者追求时尚的心理。对于这些沉淀已久的品牌来说国货不仅要引领本国潮流的发展，更要肩负一个国家文化输出的责任，让品牌保持长久活力。这正是年轻一代的力量，越来越多的国货品牌在抖音电商被发现。

随着国货品牌的崛起，国货国潮进入当打之年，国内消费者的消费信心也逐步树立起来了。当同一款产品面临着选国货还是外国品牌时，很多消费者毅然选择了前者。自从2011年以来，购买国货，已经成为一种社会潮流，又叫"国潮"，成为年轻人消费的新动向、新趋势。

国货品牌迎来自己的"春天"意义是多方面的，从品牌自身的角度来看，最主要的意义是在与国际品牌的竞争中，化被动为主动。

（1）突破国际大品牌的绞杀，在市场中站稳脚跟

随着我国对外开放的持续推进和经济全球化的加速，世界各地的知名品牌不断涌入我国市场，曾一度形成了国外品牌垄断中国市场的局面。

1978年可口可乐宣布进军中国市场，可乐在中国从无到有，再到人尽皆知，席卷全国；1987年肯德基落地北京，彼时开业场景可谓盛况空前；1997年万豪首次亮相中国，一度成为国内酒旅行业的"风向标"。

但随着一轮轮国货消费热潮的持续升温，国潮品牌崛起，元气森林、喜茶等饮品成为年轻人的新宠；锦江集团旗下J品牌、亚朵等酒店品牌成了人们新的住宿选择；以及鸿星尔克、贵人鸟、汇源等爆火，充分说明新一代"国潮"品牌兴起的背后，不仅是中国新经济国货生产企业实力的崛起，更是未来5~10年新消费的主导力量的崛起。

（2）跨界联名，获得国际品牌的重新审视

跨界联名是时尚界非常流行的营销模式，具体是指两个品牌联合起来，通过资源共享，实现互通有无、优势互补的一种营销方式。

国内品牌的崛起，逐渐令一些国际品牌改变了原先的看法，国际品牌纷纷

与国货品牌联名合作，目的就是打开中国市场。

例如，老牌国货羽绒服品牌波司登，联合前爱马仕创意设计师让-保罗·高缇耶推出"波司登×高缇耶"联名系列，不仅一改消费者对波司登长期以来的传统印象，还吸引了国内时尚界人士的关注，为波司登的高定价路线奠定了基础。

国际奢侈品品牌对联名对象的选择一贯以挑剔著称，不是顶级IP、头部潮流品牌，或某一细分品类的头部品牌，很难入得了他们的"法眼"。而如今，他们之所以开始与国货品牌联手，是国货品质、知名度、美誉度提升的共同结果。中国市场的重要性与日俱增，国货品牌快速崛起，使得国际奢侈品品牌的战略产生了转变，凸显出国货品牌影响力不断上升，无论内在技术还是外在设计，都在接近国际最高水平。

1.4 国货引发消费热潮的原因

此次国货引发消费热潮的原因，主要有图1-7所示的四个原因。

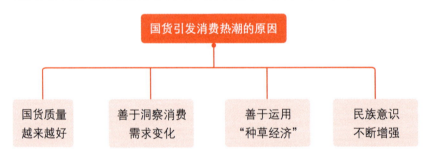

图1-7 国货引发消费热潮的原因

（1）国货质量越来越好

国货品牌之所以强势崛起，大众认可度高，最主要的还是产品质量越来越好，技术含量越来越高。例如，华为、吉利、小米等，这些国货品牌所代表的中国企业的科技实力越来越强，他们的产品品质越来越硬，甚至在国际市场的竞争中都不落下风。

随着国内转型升级的脚步越来越快，越来越多的中国产品将会打上"质量可靠，技术先进"的标签。此前那种中国产品价格便宜，质量一般的印象将逐步被取代。

（2）善于洞察消费需求变化

洞察消费需求的变化表现在两个方面。一方面，品牌善于发现新的、未被满足的隐形需求，并重新定义和开创这个需求。新需求产生新品类，从而诞生新品牌，最终构建属于自己的市场壁垒。

▼ **案例 1-7**

"自嗨锅"是一款自热火锅品牌。主打重庆火锅风味的自热火锅，一经推出便爆红全网，产品上市仅三个季度销售额即突破亿元。

"自嗨锅"正是挖掘了消费者在点外卖时无法点火锅的痛点，由于具有高度的便捷性，获得大量消费者认可。可以说该系列品牌在这个品类中已经抢占了先机，谁推出得早谁占优势，后来者很难超越。

后来，有些企业依葫芦画瓢，在"自嗨"餐这一块集中发力，创新产品形态。但都谨慎地避开了火锅，做起了自热煲仔饭、夜宵锅等类目，新式快煮面、复合调味品调味料、卤味食品、户外食品等。

这充分说明，打造某个领域的头部品牌，必须善于洞察消费者的需求，抓住市场空白需求。

另一方面，国货具备高颜值、新奇、中国味的特性，满足了消费者的差异化需求，打造出强社交货币感的产品。比如，花西子立足独特的东方美学，以国风美妆产品赢得了年轻女性的青睐。

（3）善于运用"种草经济"

国货品牌善于运用"种草经济"，打造了一套营销闭环。

无论货品质量多好，不被消费者看到也是竹篮打水一场空。真正触达消费者，则需要点对点、面对面的精准营销。而中国品牌所构建的营销闭环，可分为三个环节。

第一个环节是内容"种草"。通过抖音号、视频号、小红书、B站等平台KOL的内容引流，引起消费者的兴趣和购买欲。

第二个环节是消费加购。在消费者对品牌具有一定的认知度之后，立刻通过淘宝、京东等电商平台进行转化，或是在线下门店举行活动，与线上相呼应。

第三个环节是私域转化。这一步的目的是将公域流量转化为私域流量，简单来说就是"圈粉"，让粉丝加入专属社群，实现老用户的沉淀。

（4）民族意识不断增强

最后，国货品牌的崛起离不开民族意识的增强。纵观历史，国货的兴衰和国家综合国力的强弱密不可分。近年来我国在经济、科技、文化、艺术等领域的进步给民众带来了强大的信心。尤其是此次新冠肺炎疫情后国内外形成的强烈对比，让人们意识到外国的月亮并没有那么圆。

在这种大环境下，国货的群众基础得到空前强化，即使是一些从没听说过名字的品牌，也在"麻雀变凤凰"，走进大众视线。

国货不仅能满足人们的物质需求，也能满足人们的情感需求。就像2021年7月河南雨灾时大家购买鸿星尔克慰问灾情一样，购买国货已成为人们表达爱国情怀的一种方式。这一优势是外国品牌无论如何都不能具备的。

总体来说，在做好产品质量，不断提升产品力的基础上，国货生产企业应注重挖掘品牌的文化内涵，与年轻人、核心受众进行多种形式的联动，提升产品的时尚性，同时推出面向不同消费者、多种价位的产品，让国货品牌长久保持竞争力。

1.5 国潮的定义和3个发展阶段

国货在国内、国际市场的持续升温，引发一股消费热潮，很多领域都刮起"国货风"，这股热潮被称为"国潮"。

这次新"国潮"具体是从哪一年开始的，业界一直有争论。比较一致的说法是始于2015年，虽然距今只有短短的几年时间，但国潮的定义在不断拓宽，品类在不断增多。国潮在多个领域全面开花。

此次"国潮"具有发展快的特点，大致经历了三个阶段，分别为国潮1.0、国潮2.0、国潮3.0阶段。每个阶段品类不一样，从最初的日常用品到文创、电影、综艺，经历了一个从重物质到重精神的过程，如图1-8所示是不同阶段国潮范畴的变化。

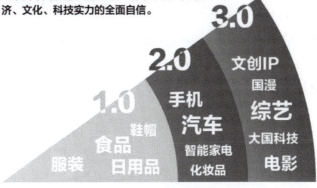

图1-8 不同阶段国潮范畴的变化

（1）第一阶段：国潮1.0

在国潮的起步阶段，国潮尚处于萌芽状态，更侧重于小众的"潮"字，呈现出以街头文化为主的穿着打扮和生活方式，被一小部分人所追捧，这时的国潮还并未真正进入大众的视野。

随着回力球鞋、李宁、六神花露水、大白兔奶糖等一众国产老字号商品回归大众视野，引发全民热议，国潮趋势真正形成，国潮1.0时代来临，此时的国潮主要集中于服饰、食品、日用品等生活消费范畴。

（2）第二阶段：国潮2.0

Z世代（Generation Z的简写，欧美流行语，通常15年为一个世代）泛指

1995～2009年出生的人，也称95后、00后，随着这一人群引发的消费潮流，使得传统商品无法满足需求，此时需要一批更懂年轻人消费特点的产品。在这种背景下，"新国潮"横空出世，以手机、智能家电、化妆品为典型代表，很多新锐国货品牌都自觉地打上国潮的标签，不少品牌专门设立国潮开发部门，以推动产品的升级。与此同时老品牌也在不断寻求创新，采用一些富有吸引力的跨界合作方式。

国货品牌的年轻化运营，快速聚集起一大批年轻消费者，手机、汽车等高科技消费领域发展更是火热。

▼ 案例1-8

OPPO是较早推出国潮相关产品的品牌。2020年年末，OPPO与故宫博物院联名推出OPPO EncoX故宫福启版、OPPO Watch故宫新禧版两款定制产品。两款产品的主色调均与故宫墙的颜色保持高度一致，又称"宫墙红"。

前者在耳机柄上雕刻了祥云与海水纹样，后者则以故宫典藏文物为设计灵感，在表盘上分别设计了白鹤紫霄、海错世界、流金岁月与繁花似锦四大主题。除了美观，传统文化中辞旧迎新、喜庆祥瑞等寓意也得到了展现。

▼ 案例1-9

比亚迪推出的以"秦、汉、唐、宋、元"中国各朝代命名的系列车，也属于国潮车范畴，汽车内部的按键也都采用中文显示，而大部分国产车仍使用英文。高性价比的产品，外加传统文化的加持，使得该系列汽车的市场反馈非常好。其中，全新一代"比亚迪·唐"连续5个月销量破万，打破了大型SUV市场销量榜单上没有国产车登顶的纪录。

（3）第三阶段：国潮3.0

与前两个阶段聚焦商品相比，3.0时代，国潮内涵再次扩大，更侧重于对文化的发掘与展示。包括民族文化、科技骄傲、文创IP、国漫、综艺等，都成了国潮3.0时代的热搜词。

文化国潮在内容上主要分为两类：一类是面向传统文化体验的，比如，中央电视台推出的多个文化类节目，《中国诗词大会》《朗读者》和《国家宝藏》；北京卫视的《遇见天坛》《上新了·故宫》《我在颐和园等你》；另一类是以国货为落脚点，邀请明星参与设计与经营的，比如，湖南卫视的《中国制造的店》，东方卫视的《国潮青年》《我们的国货》。

在国潮兴起后，这些节目的影响力也日渐增大，越来越多的年轻人在网络视频平台"追更"。

2021年河南卫视则跳出这两种模式，以传统节日晚会的形式来诠释国潮。《元宵奇妙夜》《清明时节奇妙游》《端午奇妙游》都成功地引发了关注与讨论，频频"出圈"。这一系列古风节目，也在某种程度上为国潮开辟出一条新路。

第2章 新国货三大标签：好看、好用、不贵

导读 ▎小米手机为什么会成为国民手机？

在国产手机中，小米手机的性价比算得上是领先的，性价比高也是其主要的竞争力。所谓性价比就是配置高，价格低。

小米CC9 Pro是2019年11月5日发布的一款产品，主打高清拍照和大续航。拍照功能算是当时较为领先的一个存在，率先使用上了超高的一亿像素的后置主摄镜头，后置搭载了5个镜头，支持50倍的数字变焦；在续航上也是超过了常规的配置，配置了5260mAh的电池，以及30W的快充技术，不管是本身的续航还是充电的速度都提高了不少。

高配置对应的却是低价格，当时这款手机参考报价在2000～3000元。

小米手机尽管配置很高，但价格却一直很"亲民"，每一款都受到米粉青睐。小米手机的价格，整体而言从1000元到5000多元的都有。小米旗下在国内有两大自营品牌——Xiaomi和Redmi，以及一个主打游戏手机的附属品牌——黑鲨游戏手机。

（1）Xiaomi品牌

定位于高品质中高端机型，专注新零售市场：Xiaomi MIX系列，定位为顶级旗舰机，价格区间为5000元以上；Xiaomi数字系列，定位于高端旗舰机，主打极致体验，价格区间为3000～7000元；Xiaomi Civi系列，即原小米CC系列，定位为年轻人的潮流拍照手机。

（2）Redmi品牌

定位于中低端极致性价比机型，专注电商市场：Redmi K系列，定位为极致性价比旗舰机，价格区间为2000～4000元；Redmi Note系列，定位为极致性价比高品质千元机，价格区间为1000～2000元；Redmi数字系列，定位为高品质入门机，送父母或小孩的实惠之选，价格为1000元以下。

（3）黑鲨

黑鲨系列是专注于游戏手机的细分品牌，价格处于中高端。例如黑鲨4、黑鲨5处于2000～3000元区间；黑鲨4S Pro在4500元以上。

低价高配是小米手机的一种发展战略，也是主要的竞争力。小米从第一代手机起就走的是低价策略，只有1999元。试想一下，假如不是1999元，而是2999元或3999元，小米整个产品线就不会有现阶段的成功。

低价高配策略在小米身上之所以行得通，是有多方面原因的。比如，采用互联网销售模式，没有中间商赚差价；使用供应链中相对成熟，成本较低的方案，前期元件成本高走低量，后期成本低了再走高量；产品多元化，手机少赚点钱，然后通过其他方式再弥补，用工成本较低，同岗位相关人员没有同行收入高也是事实。

另外，小米手机在"颜值"的打造上，也在不断追求卓越。外观设计是用户在购机时的第一要求，手机颜值高才会让消费者继续了解其他的特性，因此外观颜值是重中之重。小米手机的颜值，长期以来一直被用户诟病，甚至被吐槽。而从2021年的小米11系列开始，小米手机的颜值就迎来了大进步，尤其是小米12系列（12、12x、12Pro）颜值很高。

机身线条流畅，封装技术到位，"直角肩"的设计很特别，金属边框非常窄，黑、紫、蓝、绿多彩配色，如图2-1所示，堪称当下最流行时尚色，高级感十足，兼具时尚与科技感。

图2-1　小米12系列机身颜色

2.1 好用：实用性强，更符合国人使用习惯

国货的崛起与其注重实用性有很大关系，较之国际品牌，国货的实用性更强，更符合国人的使用习惯和审美标准。因此，国货品牌在开发、设计和生产一个产品时，要基于国内消费者的需求进行，反之欧美、日本、韩国等国家的产品，则是基于本国消费者使用习惯进行生产的。

因此，就与需求的匹配度而言，国货更占优势，下面以家用净水器为例。

▼ 案例 2-1

家用净水器属于舶来品，最早诞生于欧美的发达国家。20多年前，国内第一批净水器也都来自这些国家。这些产品外观都是欧式风格，内部结构也继续沿用欧式结构。虽然，欧式风格外表美观，吸引了不少消费者，但确确实实存在水土不服的情况。

在净水器进入中国的二十余年时间里，国内净水器品牌不断推陈出新，尤其是新生代品牌，使我国的家庭净水行业有了很大进步。同时，由于更符合国人的使用习惯，迅速吸引了国内消费者。

以出水率为例，欧美国家生产的净水器出水量普遍较大，这是因为外国商家为了凸显高档产品的概念，通常以欧美国家家庭用水需求为参照标准。这令国内消费者非常不适应，出水率高意味着利用率就低，而利用率低就会造成一定的浪费。因此，国内消费者常常抱怨国际净水器是"绣花枕头"，一点儿都不实用。

还有就是水质问题，正如某品牌净水器营销总经理所说："我国的水质与欧美国家的水质有很大差异，进口产品根本不会根据中国水质进行过滤器研发。而国产净水器就兼顾了这一点，结合国内水质进行过滤器研发。"

国货净水器品牌还有一点，是国际品牌无法比拟的，那就是在设计中融入了中国传统元素，如"中国风""民族风""青花瓷""美的红"等，不仅美观，还满足人们的特殊需要，使之更加符合国人的审美和真正需求。

一个品牌是否受到消费者青睐，最根本的是这个品牌的产品，能否满足消费者实际需要和心理需求，这是由马洛斯需求原理决定的。与国际品牌相比，国内品牌不仅能解决消费者的痛点，满足实际需求，还能满足消费者心理需求，这也是我们总说国货"好用"的意义所在。

（1）能解决痛点，满足实际需求

实际需求要求产品要有实用价值，也就是说，一定要能解决消费者的痛点。有些国际品牌并不是说它没有价值，而是这种价值无法精准地解决消费者的痛点。

比如，北方很多地区进入秋冬季节，雾霾比较严重，大众对净化器的预期是，不仅能净化空气源，还能除PM2.5，在这种情况下除PM2.5就是痛点需求。要知道国际品牌净化器是没有除霾功能的，这时如果有一款能除PM2.5的净化器必定会畅销。事实上，国内很多品牌推出的净化器都带有除霾功能。

（2）能满足心理需求

心理需求，包括一个人的兴趣、欲望、动力，往往是产生消费动机的内在力量。要求产品有十分强的附加值，能满足消费者在解决痛点需求的基础上，求新、求异的心理欲望。

卡婷是一个美妆品牌，对这个品牌很多人感到有些陌生，但如果看到它带故宫缩影的包装，如图2-2所示，相信会有不少人萌生好感。

这款口红是卡婷于2020年推出的限量款口红，浓郁的"故宫"风独具东方风韵，把中国传统色彩运用到了极致。盖子上的图案取自古绣纹和山水画的花鸟虫鱼，配上精致、立体的镂金浮雕，旋转时会展现出不同的金属光泽。不同的口红色号对应不同的图案和配色，可以说，每支口红都是色彩含义与图案寓意的高度糅合。

图2-2　国货卡婷故宫版口红

2.2 好看：打造产品颜值，丢掉"土包子"形象

年轻一代消费者在消费时，价格不再是影响购买的第一因素，而是受产品颜值、自己兴趣的影响更大。其中，"产品颜值"成为驱动购买的主要因素之一。

此次国潮之所以被称为新国潮，"新"在哪里？最显著的特点就是高颜值，这也与消费者的需求不谋而合。过去美潮、日潮，也是以颜值取胜，处于新一轮国潮下的国货，也必然以颜值主义来迎合年轻消费者追求新、奇、特的心理。

颜值主义是国货一个很重要的特点，纵观那些备受欢迎的国货品牌，都是颜值当先。以往，在大众的印象中国货的形象就一个字——"土"，为了改变这种印象，新国货品牌商想尽一切办法，第一个做法是深刻把握时尚娱乐的内在，融入时尚娱乐的元素；第二个做法是进行品牌联名和重组，实现两个品牌的优势互补。

（1）融入时尚娱乐元素

新国货，与过去的国货，面对的消费群体不一样了，新国货的消费群体是90/00年轻一代居多，这部分人群热衷于追潮流，赶时尚。如果产品无法在第一时间给他们留下深刻的印象，很难使他们产生购买的欲望。

因此，国货中很多产品在研发、设计阶段就已经充分考虑到了这一点，敢于大胆创新，融入时尚、娱乐因素。

▼ **案例 2-2**

曾经看到过一款用盐块加上变色灯做的小台灯。一块一块的盐，让人觉得很新鲜。我们看到的就是一个玻璃盒子，盒子里放着不规则的，大小不一的盐块。盒子底部是可以变色的灯。当那个灯光变化的时候，由于各个盐块之间的位置不一样，光折射的角度不一样，所以呈现的颜色也不一样。

它用的是USB的插头，可以接移动电源在户外使用。床头即使没有插座，也可以使用。这种灯一旦亮起来，就已经远远地超越了纯粹的照明功能，还具有时尚和娱乐的功能。

除了技术给它赋予了很多新的独特的功能及时尚、娱乐的色彩外,它在整个外观、内置以及体验的设计方面,都很用心。即使没有使用它,当第一眼看到它的时候,也很可能会心动。

(2) 新老品牌联名和重组

第二个方法就是新老品牌的结合,实现两个品牌的优势互补。典型案例如图2-3所示。

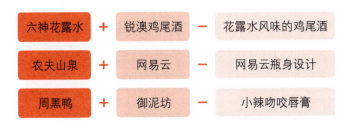

图2-3 新老国货品牌结合的方式

老国货品牌六神花露水联合新锐国货品牌锐澳鸡尾酒,推出花露水风味的鸡尾酒;美食国货品牌周黑鸭联合美妆国货品牌御泥坊推出限量版"小辣吻咬唇膏"口红;网易云专注于线上渠道,农夫山泉主要做传统线下渠道,将网易云精选评论印在农夫山泉瓶身上,打通了线上线下渠道,让两个品牌触及到以前难以覆盖的用户。

比较典型的还有青岛啤酒的做法。

▼ 案例 2-3

青岛啤酒是啤酒行业的一个老品牌,在国内外享有极高的声誉。然而,在消费群体上还是偏老年化,为了吸引年轻人的消费欲望,让他们觉得青岛啤酒也可以很时尚。青岛啤酒将视线投向了时尚界人称"老佛爷"的卡尔·拉格费尔德(KARL LAGERFELD)的品牌,它特别邀请卡尔的团队设计联名款瓶身,推出第三代"夜猫子"MUSE系列啤酒。同时建立潮玩实体店"夜猫子潮晚店",开发内含不同潮流单品的盲盒。

像青岛啤酒这样善于求新求变的老国货品牌不在少数。对于近年创立的新品牌来说,洞察年轻人消费需求并不难,但对从历史中走来的老牌子,遇到90后、00后消费者就不得不换个玩法了。尽管其不乏口碑与客源,但也需要培养新的消费者,打造高颜值,吸引年青人的青睐。这说明,当下消费品牌的第一生产力是颜值。

对于国货大多数受众90后、00后来说,颜值是衡量产品优劣的一个主要维度。因为他们的消费理念已经不同以往,对美的追求更高。除了产品自身具有的功能外,还要求拥有一项加分属性,那就是用于社交。

国潮的兴起,源于国货的一大部分消费群体是以80后、90后、00后为主的年轻人。国潮的精髓在于积极打造本土时尚潮流品牌,在设计上融入符合时尚、潮流新消费风向的设计风格、个性思想以及生活态度。

2.3 不贵:性价比高是国货崛起的主要因素

国货还有一个最大的特点,那就是价格较低,这是个普遍现象,也是大多数国人喜欢国货的主要原因。

例如,本土护肤品品牌,即便是百雀羚、珀莱雅、自然堂、欧诗漫、韩束、丸美这类口碑好、规模较大的品牌,除精华、眼霜等极少数局部品类外,主流产品系列价格带仍然都在50~190元,很少有超过200元的主打单品。

尽管国货价格比较便宜,但大众没有"便宜没好货"的感觉。靠着物美价廉的实惠,国货已经从外来品牌中抢回了不少市场。以手机为例,当前,除了苹果手机在我国占有一定的市场份额外,市场上几乎都是国货品牌。

以喜茶和钟薛高为例。

▼ 案例 2-4

据报道,喜茶在传统茶行业内属于中高端水平。规模化效益可以带来后端的议价空间,优质原料体现茶饮品质量。在价格上,喜茶产品价格跨度大,主力价位在20~30元,相较于品质相似的竞争者,有一定的价格优势;跟价位更低的竞争者相比,品质更为高端;与星巴克等主流咖啡店相比,价格又有优势。

新国货三大标签：好看、好用、不贵 第2章

> 对于当代"精致穷"的年轻消费者来说，价格、品质和服务是消费时考虑的首要因素，喜茶就是在满足消费者对于品质与服务等方面的需求同时，为消费者带来较高的性价比体验，起到锦上添花的效果。

提起国货品牌，消费者讨论最多的就是价格，不只是国内市场，海外市场也注意到中国商品的"物美价廉"，很大一部分国外消费者也难以抵挡国货的性价比。比如，在一些经济欠发达的非洲国家，中国商品价格甚至是其他国家商品价格的1/5~1/3，很多当地居民家家都有中国商品存货。对于经济欠发达的国家而言，购买价格更有优势的国货无疑是最佳选择。

除了非洲地区，欧国一些发达国家消费者也非常喜欢低价的商品。比如，自2018年以来，"双十一"超越西方传统购物节"黑色星期五"成为全球最大的购物盛会，已经成为不少国家和地区的线上狂欢购物日，他们不仅仅钟情于琳琅满目、应有尽有的商品种类，更惊叹于极具杀伤力的价格，北欧国家芬兰一些购物网站就将"双十一"称为"全宇宙最大折扣日"。

国货的价格之所以如此有优势，是有深层原因的。

国货的价格便宜是有深层原因的：一是品牌定位，中低端产品多，高端产品少；二是渠道下沉，很多品牌专供三四线城市；三是互联网和移动互联网的发展，打造了一个低成本的营销闭环。总结起来有三点，如图2-4所示。

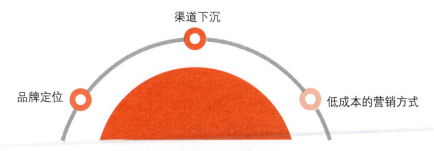

图2-4 国货的价格便宜的深层原因

（1）品牌定位

有专业人士针对国货价格低的问题，做过这样一番描述："国内大多是品牌还处于起步阶段，还需要时间，时间最终会带来一些变化。"比如，一手创立了韩束、一叶子、红色小象等品牌的吕义雄曾说，他所有产品的价格定位都

在中低端,他针对护肤品这个领域做了以下分析。

回顾国货护肤头部品牌来时路,它们选取的价格带的确与定位及起步有关。但国货护肤品牌做出这种选择,却又充满市场竞争的无奈感。众所周知,很长一段时间内,中国护肤市场被外资品牌牢牢把持。2000年后,虽然中高端护肤市场由佰草集发起冲锋号角,但国货护肤品牌依然是沉默的大多数。

也就是说,目前我国的大多数品牌定位还是中低档,尤其是消费领域,很少有跻身国际中高端的。面对这种寡头格局的中国护肤市场,彼时国货品牌要想从中撕开一道口子非常难,只能从大众化市场找寻出路。

(2)渠道下沉

渠道下沉也是由品牌定位决定的,由于品牌定位是中低端,所以品牌的销售渠道必然要下沉到三四线城市。

创立自然堂、美素等品牌的郑春颖曾公开表示:"我们刚创立的时候找不到自己的销售渠道,在摸索中才逐渐找到一些适合的销售方式。"创立于2001年的自然堂,摸索到日后成就大多数国货护肤头部品牌的黄金赛道——CS渠道(化妆品专营店渠道)。代表下沉市场的CS渠道,不仅让诸如自然堂、珀莱雅、韩束等避开了与国际护肤品牌竞争的锋芒,还让它们在广阔的三四线市场里,悄悄完成了品牌的原始积累。

正是因为定位大众化及耕耘下沉渠道,决定了国货品牌所处的价格带很难定高价。因为面对的是三至五线市场,这个渠道的价格是上限,当沉淀一段时间,待品牌完成从渠道品牌到消费者品牌的转变后,价格带就会有所上升。

(3)低成本的营销方式

从销售维度来看,互联网时代,传统营销方式的作用大幅削弱,因此舍弃高昂的广告费用和高档的商铺租位,相比之下,国货品牌借助低成本的数字化营销方式,却能收获不输传统品牌营销的意外实效。

国货以优质产品为主线,搭建公域和私域的流量全景生态,获取精准的消费者画像,实时洞察消费者喜好进行产品迭代,借助算法以"裂变式"传播直达潜在的目标受众。由此,在信息日益透明的国内市场中,国货品牌能够凭借更充分的信息优势,将维护品牌溢价的成本让利于消费者,提供一种物美价廉的新选择。

需要注意的是，此处的性价比并非真正意义上的性价比，而是通过营销宣传，让消费者认为产品有大牌的品质，再辅以亲民的价格，以达到占领用户心智的目的。消费者认为国货新品牌具有超高的性价比，是新国货崛起的根本原因。

第3章 狠抓质量：硬核品质成就极致"产品力"

导读 ┠ 飞鹤以硬核品质赢得国人信赖

飞鹤是一个知名的民族乳品品牌，数十年如一日，执着追求品质保障，不断推动产品品质提升，致力于打造"更适合、更新鲜"的好奶粉。飞鹤奶粉的高品质被越来越多的人信赖和认可，不断用实力证明，好产品，品质先行，充分展现了当代"新国货"的非凡魅力。

飞鹤奶粉的高品质保障，主要体现在以下三个方面。

（1）严把源头关

奶粉的质量首先需要从源头抓起，为把源头关，飞鹤自2007年起，就搭建了自己的牧场，目的就是为自己饲养的奶牛提供优质的饲草。之后的十余年时间，不断斥资打造专属产业集群，建立起国内奶粉行业的第一条全产业链。

飞鹤还在北纬47°再次开辟多块试验田，遴选试种了近百个品种，精选出近10个品种进行大田观察，只为选取更高蛋白原料。此外，飞鹤对奶牛实施精细饲喂，每周对TMR（全混合日粮）进行质量监控，TMR装料和投料精准度目标不低于98%。

通过现代化科学管理体系和科学营养搭配，为奶牛提供优质口粮，保证奶质。飞鹤乳业已经拥有30万亩专属农场、8个自有牧场和9个智能化工厂，实现了真正的全产业链发展。飞鹤也做到了从原料到售后全过程的可查可控。

（2）严把运输关

低温运输保证"新鲜"品质。飞鹤在形成全产业链模式的基础上，也成功打造了"2小时生态圈"。即从自有牧场采集新鲜牛奶后，确保鲜奶在十分钟内温度降至4℃，采用全封闭式低温运输至飞鹤数字化工厂，并且从挤奶到加工全程不超过2小时，进而大大保证了奶粉的"新鲜度"以及安全性。

（3）严把检验关

一直以来，飞鹤十分重视对奶粉的检验检测及外部评价，以确保奶粉的高品质。2019年，中国飞鹤与中国农科院创新团队共同成立了"飞鹤婴幼儿配方奶粉全产业链创新中心"，为飞鹤整体的奶粉品质严格把关。飞鹤还联合标准化研究院，在全产业链的基础上制定了新鲜乳粉标准体系，并在2021年4月对新鲜乳粉标准体系进行了全面升级，首次在国际范围内从营养、新鲜、生态三个维度对国内外婴幼儿配方奶粉进行评价，以更好满足消费者对新鲜的追求。结果显示，连续两年，飞鹤婴幼儿奶粉中脂肪和蛋白质的含量均高于进口奶粉。

随着消费者对奶粉的高品质诉求日益强烈，布局高端产品市场是时代对国产乳企提出的新要求。知名国产奶粉品牌飞鹤顺应这一发展趋势，品质先行，以科技创新为重要驱动力，在产品品质迭代升级的道路上从未止步，充分展示出当代"新国货"的高品质魅力。

3.1 质量回归，是国货崛起的根本原因

产品是品牌的根，而质量又是一个产品的生命线，只有高质量的产品，才能在激烈的竞争中脱颖而出，被消费者认可和接纳。纵览企业品牌发展史，无论是国际大牌，还是中华老字号，亘古不变的都是产品质量过硬。货真价实的产品或者服务，是企业经久不衰、历久弥新的源泉。之前很长一段时间，国货之所以处处被国外品牌压制，原因就是质量不过关。

为了解消费者对国货品牌的喜好，倾听消费者对国货的期待和建议，了解消费者对国货的印象与看法，新京报于2021年5月6日至5月8日邀请公众参与网上问卷调查，主题是大家"心目中的国货印记"。

调查结果显示，80%以上的受访者认为国货性价比高，质量、设计、技术含量三项成为受访者对提升国货品牌的最大期待。43.22%的受访者选择质量过硬，不少受访者提到"华为手机特别抗摔""我家的海尔冰箱是结婚那年买的，用了20年一点儿问题都没有"，"中国质量"成为国货复兴功不可没的因素。

与之相对的是，中国青年报在2015年也做过一份类似的调查。调查结果显

示，受访的2002人中超过一半的（51.2%）认为国货质量一般，41.8%的人觉得国货量大、规模大，还有41.1%的人认为是山寨品。这说明，也就是在七八年前，大多数人对国货的普遍认识仍旧是"质量差"，显然，质量差是国货长期以来最显著的标签。

短短几年后，国货的质量发生了翻天覆地的变化，在大众心目中的印象有了巨大改观，实现了"国有品牌，货有品质"。做到这一点的确不容易，其中的艰辛只有品牌商们自己知道。因为这不仅仅是换条生产线那么简单，更是意识蜕变的过程。

2015年是个转折年，这一年我国出现了供需结构性失衡。大批本土国货生产企业洞察到了新消费市场、新消费群体有迫切需求，但又难以满足。这是国潮来袭的大背景。

在2015年之前，尽管很多品牌意识到了自身不足，但仍裹足不前。而最近几年，大多数品牌商不但身体力行在做，更重要的是能够认识到存在的问题，敢于挑战自己的不足，并努力去改变。

有了这种意识、这种精神，何愁做不好产品？在哪里跌倒，就在哪里爬起来，新国货的崛起，根本原因就是质量得到了大大提升。

国货质量越来越高，准确地说是"回归"，因为国货的质量不是一开始就低劣不堪，而是经历了一个由高到低的下坡过程。

20世纪80年代前，国货质量非常过硬，大到缝纫机、电视、冰箱，小到锅碗瓢盆、剪刀等，使用一二十年都不会坏，而且做工也非常精致。笔者家里曾有一台柳州产的龙城落地电风扇，是笔者十几岁时厂家展销时母亲买的，样式时髦，用料扎实，一直用到20世纪90年代中期，后来随着搬家到了海边城市，有次在窗边被海风吹倒，才因跌弯电机轴不能使用。

国货质量下滑是在20世纪80年代中后期，曾经轰动一时的杭州武林门烧鞋事件就发生在这个时期。

▼ 案例 3-1

制鞋是温州的主要支柱产业之一，也是温商崛起从事比较早的一个行业。然而，温州的鞋业发展之路并不是一帆风顺的。杭州武林门两次烧鞋事件是温州鞋商心中永远的痛。1987年8月8日，杭州武林门广场上，愤怒的杭州人点起大火，5000多双温州的假冒劣质鞋葬身火海。

> 一时之间,温州的皮鞋千夫所指,成为人人喊打的老鼠,劣质的"帽子"也长期摘不下来。为了重新树立温州鞋在消费者心目中的形象,温商们痛定思痛,毅然做出震惊全国的举动,自己率先打响一场质量保卫战,亲自烧掉所有皮鞋。以实际行动向全国消费者立下誓言:"坚决从假冒伪劣山寨品中走出来!"

如今,温州的鞋帽制造业,欣欣向荣,拥有完善的工艺流程,设备先进,技术精湛,生产规模庞大。产品远销东南亚、南亚、中东、南美、北美等地区,同时,也产生了不少享誉全球的知名品牌。

国货在品质、科技、形象、创意等方面都需要有进一步的提升,因此国货品牌对"品牌影响力"的塑造还是要回归到"产品"的构建上。拥有自主的产品研发能力、原创设计能力和品牌文化内涵,才是国货品牌真正能赢得年轻人认同的重要因素。

3.2 积极创新,与高仿山寨说再见

提到国货,一大部分人总会想到高仿品或山寨品。的确,有一段时期国货都是模仿国外品牌做起来的;模仿优秀的品牌还算好的,有些品牌盲目跟风,被模仿的对象糟糕得一塌糊涂,能做出什么好产品来?因此,大部分消费者非常反感高仿品、山寨品。

模仿不是不可以,毕竟也是一种有效的学习方法,但要领会模仿的精髓,而不是将他人的东西嫁接在自己产品上,更不是直接拿来就用。模仿的同时也要善于变通和创新,模仿是取长补短,是互通有无,用模仿打"基础",用创新盖"高楼"。

有主见的人,才能成为一个独立的人。同理,有自己灵魂的品牌,才能有更好的前途。模仿是一种捷径,但不是终点。在模仿的同时,一定要有创新意识,积极创新。

很多大品牌一开始也在模仿他人,不同的是他们在模仿的基础上敢于创新。

▼ **案例 3-2**

> 高邦（KOBRON）是我国休闲服装领域的领军品牌。面对越来越多的国外品牌的冲击，高邦作为发展了20多年的休闲服品牌，仍然处于第一集团序列，先后获得"中国名牌"产品、国家免检产品、国家质量标准一等品和中国国际时装周时尚休闲品牌等多项国家级殊荣。
>
> 那么，高邦是如何起家的？就是靠模仿。1986年不到20岁的陈云烽用300元本钱买来布料，仿制了4套当时比较流行的女装，转手就赚到了64元钱，从此走上了女装生产的道路。起步后，果断抛弃女装，集中优势做休闲装，1996年成立公司后，在质量上严把"质量关"，在产品款式上狠抓"创新关"，聘请了国际知名服装设计师，组建了一支具有国际水平的服装产品研发团队，开发了一系列色彩明亮、青春活力的服装，引领休闲时尚。
>
> 后来高邦又引进了"虚拟经营"模式，成为首批引进虚拟经营模式的服装品牌企业。开始了以品牌为核心，以自营和特许加盟为主要经营方式的道路，组建完整的特许营销网络、信息网络和物流配送系统，在全国设立了500多家专卖店。
>
> 经过20多年的发展与文化沉淀，高邦形成了独有的休闲文化特色，青春时尚、随性自然。同时，以虚拟经营为主要营销模式，大力开拓市场，成功进入中国服装行业"双百强"。品牌也被评为"浙江省著名商标""中国时装周时尚休闲品牌"。

高邦靠模仿高档服装起家，将他人做西服的经验用在了休闲服上，通过模仿获得了启发，开阔了眼界，通过重新定位，找到了更好的发展契机。

世间万物都处于不断变化的状态，品牌发展也是如此，变则通，不变则停滞不前。国货品牌正处于全面革新和提升的大潮中，要紧跟市场变化，不断地优化和调整。如果只是一味模仿，不求变不创新，久而久之必然会被淘汰。

3.3 加大研发投入，推进产品迭代

2020年"双十一"，国货品牌"战绩"不如2019年，如以美妆品牌为例，较之国际大品牌有较大差异。据22个电商平台的全网销售额TOP10品牌排名，

欧莱雅、雅诗兰黛、兰蔻等国际品牌依然霸榜，自然堂是唯一入围的国货品牌（2019年国货品牌占4个）。

这场战斗给国货美妆品牌敲响了警钟，暴露出其市场营销过度，产品研发不足的问题。国货美妆品牌对研发的投入大多在1%左右，而国外如欧莱雅集团的研发费用率则在3.1%~3.5%。

与国际品牌相比，国货品牌在研发上的投入存在一定的不足，这也使得国货品牌很难进入高端市场，竞争力不足。基于此，面对不断扩大的国内化妆品市场，加大研发投入以及创新力度是很有必要的。

数据显示，国际品牌雅诗兰黛、宝洁每年的研发费用平均在10亿元左右，而国货品牌研发经费在亿元以上的屈指可数。2020年，薇诺娜研发费用为6885万元，珀莱雅研发费用为7220万元。

研发费用不足导致的直接后果就是，中低端领域往往狂飙突击，但真正最赚钱、最值钱的高端领域却难有作为。2019年美妆行业的高端市场销售规模占整体销售额的51%，但这部分"红利区"却被国际品牌牢牢占据，这也是国际大牌很快能霸榜的原因。

虽然相比国际品牌，国货品牌研发费用不足，但近几年，国货品牌也在不断加大研发方面的投入。同时，监管层面也不断颁布新规，推动创新型国货的发展，这在一定程度上推动了国货企业的发展。随着研发投入的加大，渠道的变革发展等，国货品牌正在逐渐崛起，迎来快速增长。

▼ 案例3-3

梵蜜琳Thanmelin是新锐美妆护肤品牌，是一家集专业研发、策划、生产、销售为一体的高端护肤品牌。随着品牌升级成为企业发展的必经之路，梵蜜琳十分注重产品品质，有着自己的一套标准化技术工艺、操作流程、质量管理控制体系。

其研发中心实验室还有着价值千万的精密仪器，覆盖基础研究至应用创新的各个环节。梵蜜琳每年还会投入销售额的5%~10%进行研发，而一般行业常规研发投入是3%。

同时，除了看重品牌产品研发的投入建设之外，其生产实力也是值得我们大家重点关注的对象之一，因为生产实力是产品效果与品质最好的证明。

梵蜜琳不仅建立了无菌臭氧室与全自动化灌装车间，经过质量管理体系

ISO22716认证,还掌握多个专业的科学研发技术。甚至从原材料进厂到产品出厂,品牌都将进行全程且多方位的管控,以确保产品安全有效。不断加强自主研发和生产的梵蜜琳,一定会在战略发展上取得更重大突破。

研发投入及管理质量,是保证产品质量的根基之一。国货品牌要想做出高质量的产品,就必须加大产品在研发方面的投入,规范研发管理工作。

3.4 从制造到创造,实现品牌升级

国货能再次步入黄金时代,究其原因还是技术不断升级改造。随着我国科技事业、高新技术产业的长足进步,不断涌现出诸多重大科研成果。

技术升级不仅带来了核心技术的自立自强,更提升了产品质量管控水平。从而使得"国货"一词不再意味着低廉,而是以优质的品质,重新赢得消费者信任。

以OPPO为例,成功的关键因素就是注重技术的创新,积极推动产品战略转型。

▼ 案例 3-4

OPPO一向重视技术积累和研发创新,坚定的研发投入持续转化为丰硕的知识产权成果。2018~2019年,OPPO国内发明专利授权量蝉联企业第三。

从全球范围来看,截至2020年12月31日,OPPO全球专利申请量超过57000件,其中,发明专利申请数量超过51000件,占比89%,全球专利授权数量超过24000件。据世界知识产权组织(WIPO)2020年4月发布的2019年专利合作条约(PCT)申请数量排行榜,OPPO排名第五,在全球范围显示出领先的技术研发实力。

2020年是5G网络加速部署和规模化商用的一年,OPPO 5G通信标准专利持续在全球20多个国家和地区布局。OPPO共完成了3600+族全球专利申请,并在ETSI宣称1400+族5G标准专利。OPPO在3GPP提交标准文稿数量累计超3000件,排名前列。

2020年OPPO提出了"科技为人,以善天下"的品牌信仰,并发布

"3+N+X"的科技跃迁战略，支撑万物互融新生态的建设。

OPPO也在持续加大技术研发力度。自2020年起三年内，OPPO将投入500亿元研发费用，以"3+N+X"作为下一阶段的研发工作重点。

具体来说，"3"指硬件、软件和服务的基础技术。"N"是OPPO长期构建的能力中心，包括人工智能、安全隐私、多媒体、互联互通等。"X"则指OPPO差异化的技术，包含影像、闪充、新形态、AR等。OPPO将投入战略性资源打造差异化的技术点，给产品带来颠覆性的创新，从而革新用户体验。

最近几年，购买国货成为中国老百姓消费的新潮流。从华为、小米等国产手机，到完美日记、花西子等国产彩妆，新品往往一经推出，便被消费者疯狂抢购，甚至还出现了"野性消费"现象。面对国货流行潮，很多人认为，消费者的"国货意识"是推动这波国货潮的原动力。当然，"国货意识"发挥的作用必不可少，但放眼整个市场，面对挑剔的消费者，国货品牌之所以强势崛起，靠的绝不只是"意识"。正所谓打铁还需自身硬，国货品牌本身质量的稳定提升，以及隐含核心技术，才构成了从"中国制造"到"中国创造"转变的"硬核"要素。

当核心技术开始掌握在自己手中，国内消费者才看到了国货不输国外品牌的实力，从而对国货信心大增。经过十几年的发展，"国货"早已撕掉了贴牌加工、"低价"、"仿冒"的标签。坚持技术研发，拥有自己的原创设计能力，真正实现"中国制造"到"中国创造"。

"中国创造"取代"中国制造"，变化的不仅是生产形式，还有生产逻辑。与制造不同，创造主要是通过科技创新和突破，实现产品本身的品质、性能、形象等全方位升级，从而让消费者看到、体验到创新点，继而激发起他们的购买欲。

比如，过去很多本土企业以贴牌代工为主，以低价竞争为导向，这就是单纯的制造，久而久之的结果就是，产品陷入"便宜没好货，好货不便宜"的恶性循环中。而创造是一种颠覆，秉持自主创新的理念，埋头苦干，全力搞研发，努力提升产品力，市场进入良性循环发展轨道。

经过市场一轮一轮的严苛考验，大浪淘沙，一批高品质、时尚、有品位的国货品牌脱颖而出，获得了消费者的认可。例如，在无线吸尘器市场，戴森一直占据着主要份额。但随着小米、华为等国货品牌的创新和提升，戴森的关注度由2016年的34.33%下降至2021年的14%。这说明，市场不会辜负注重产品力的国货。

国货崛起的同时，我们也要看到，一时的消费热度、口碑流量并不代表永久，要想让国货品牌始终保持旺盛的生命力，除了外在的改变之外，更要内在的持续创新。

3.5 发扬工匠精神，将产品做到极致

工匠精神自从2016年以来，在各个行业、各个领域经常被提到，曾被写进政府工作报告。因为，具有工匠精神既是行业要求，也是时代要求。

从历史发展来看，在手工业时代，由于生产规模小，生产过程相对简单，工匠们有充足的时间对自己的产品精益求精，反复打磨，以达到完美的程度。

工业化时代与手工业时代相比，有了一些不同。首先，工业化生产的一个典型特征就是标准化和通用化，每一个零件都是标准化的，可以互换的。其次，在工业化生产中，一个工人只需要负责一道工序就行，而在手工业生产中，每个工匠都要负责整个生产过程。因此，工业化时代更多地强调工人对标准和规范的遵循和坚守。

在信息化时代，质低价廉、千篇一律的产品越来越不受欢迎。随着互联网技术的发展，满足消费者个性化需求的定制服务成为可能。这一变化不仅包含了工业化时代对标准和规范的遵循和坚守，同时也包含了为满足个性化需求而进行的创新和创造。

国货大多数做的是中低端产品，细节上难以契合真正的"工匠精神"。于是，有了国人不远万里抢购马桶盖、电饭锅、电冰箱的事情。国货常被贴上"粗糙""廉价""抄袭"等刻板标签，高频关联词还有"脏乱差"制造工厂。而我们曾一度盛赞"德国品质、日本设计、意大利高定"，其背后都有"工匠精神"做支撑。

经过行业升级后，对品质的坚守，很多国货品牌开始定位于中高端品牌，注重细节品质，逐渐培养起了国货的"工匠精神"。例如，几万次锤锻出的章丘铁锅，重回公众视野；几十年如一日专注球鞋的回力，从工地走向殿堂；品质始终如一的陈李济历经四百年光阴仍然留香；厨电行业里的方太；手机行业里的华为；在这些厚积薄发的坚守里，国货终因"中国制造"的身份而绽放崛起。

第3章 狠抓质量：硬核品质成就极致"产品力"

▼ 案例 3-5

华为通信设备和高端智能手机畅销全球170多个国家，华为通信设备在全球市场占有率名列榜首，服务全球1/3以上的人口。华为智能手机已经成为欧洲第二大手机品牌，在高端手机市场站稳了脚跟。

华为总裁任正非很推崇日本的工匠精神，始终认为品质是企业的脸面，只有精工细作的品质才能树立良好的品牌形象。

截至2013年，全球寿命超过200年的企业，日本最多，有3146家，排名第二的德国，也只有837家，再次是荷兰和法国，分别有222家和196家。长寿企业为什么扎堆日本，这不是一种偶然，秘诀就是他们都在传承着一种精神——工匠精神。

任正非举例说，日本树研工业株式会社1998年生产出十万分之一克的齿轮，为了完成这种齿轮的量产，他们消耗了整整6年时间；2002年树研工业又批量生产出重量为百万分之一克的超小齿轮，这种世界上最小最轻的有5个小齿、直径0.147毫米、宽0.08毫米的齿轮被昵称为"粉末齿轮"。这种粉末齿轮到现在，在任何行业也没有完全使用的机会，真正是"英雄无用武之地"，但树研工业为什么要投入2亿日元去开发这种没有实际用途的产品呢？其实这就是一种追求完美的极致精神，既然研究一个领域，就要做到极致。

任正非前后9次去往日本，把在日本企业学到的传达给华为人：这不只是技术问题，是一种发自肺腑地把产品做好的匠人精神。

任正非希望每个华为人不仅仅是把工作当作赚钱的工具，而是树立一种对工作执着、对所做的事情和生产的产品精益求精、精雕细琢的精神。使"工匠精神"在华为上下形成一种文化与思想上的共同价值观，并由此培育出企业的内生动力。

华为成功的秘诀就是崇尚"工匠精神"，用"工匠精神"重新定义中国制造。工匠精神是一种精益求精、追求极致的敬业精神。华为可以说是引领新时代工匠精神的典范。

国货的破局必须从找回工匠精神开始，无论老品牌还是新品牌，都需要迎合消费者对专精需求的心理，将高超的技艺、精湛的技能，严谨细致、专注负责的工作态度，精雕细琢、精益求精的工作理念，以及对职业的认同感、责任感落实到品牌中，在做精做细方面下功夫，才能把品牌做强大做长久。

其实，很多国货的崛起都是背后精益求精的雕琢，是摒弃浮躁的匠心。工匠精神之所以伟大，在于它不停留于成，不满足于有，不止步于强，而是一直在向着一个终极目标不断地创造创新。

在速度与利润的裹挟下，国货曾经走入了迷途，粗糙和廉价几乎成了国货的专用标签。国货利用工匠精神改写了"国货品牌=低质低价"的印象，所以说，国货要想真正崛起，光靠情怀是不够的，还需要对产品的精专。

打造品牌：品牌影响力越大，市场占有率越高

导读 ▶ 国货日化品牌集体消失的背后

在日化行业超过70%的市场份额被国外品牌占据，因此，在消失的国货品牌中，日化品牌是最多的。例如，曾经在市场上极具影响力的小护士、雅霜、美加净、大宝、美即、丁家宜、中华牙膏、活力28、熊猫等品牌，或被外资"强娶"不复往日荣光，或因品牌自身缺乏创新无法适应新的市场环境而惨遭出局。

以小护士为例，在2003~2004年被欧莱雅收购。在那个全球日化巨头疯狂进入国内市场的年代，欧莱雅为给其旗下品牌卡尼尔（2006年进入中国）顺利进军中国市场全面铺路，就先行收购了我国本土化妆品品牌小护士。小护士当时在中国的认知度达90%以上，产品价格、人群定位皆与卡尼尔相似，全国有28万个销售网点。

卡尼尔借助小护士的渠道资源、生产线和中国低端市场的文化及消费习惯等市场信息，成功打开销路，业绩最好时年度营业额超过7个亿。

与小护士命运相似的还有多个化妆品品牌。比如，被欧莱雅收购的羽西；被强生收购的大宝；被全球最大香水公司科蒂集团收购的丁家宜。

一个个国货品牌的消失，让人痛心疾首，这也说明中国是一个制造业大国，却不是一个品牌强国。正是由于品牌意识薄弱，品牌知名度低，才导致一大批国货品牌慢慢消失。即使有些品牌有口号、有愿景、有战术行为，但缺乏品牌战略以及实施路线图，仍然难以逃脱被收购或消亡的命运。

4.1 提升品牌力，重塑国货形象

没有品牌，产品就没有竞争力，即使产品质量再好，久而久之也会失去市场，失去消费者，消失在大众视线中。因为企业、产品与用户的沟通都是从品牌沟通开始的，结果都会形成品牌记忆。

品牌形象是品牌建设最主要的内容之一，只有先树立起良好的品牌形象，才能为打造强有力的品牌奠定基础。对国货而言，提升品牌形象准确地讲是"重塑形象"，因为国货也曾有过辉煌，它们在国人心中已经有了非常好的形象基础，这次只是把以前的形象重新树立起来。

国货发展过程中涌现过三次潮流，如图4-1所示。

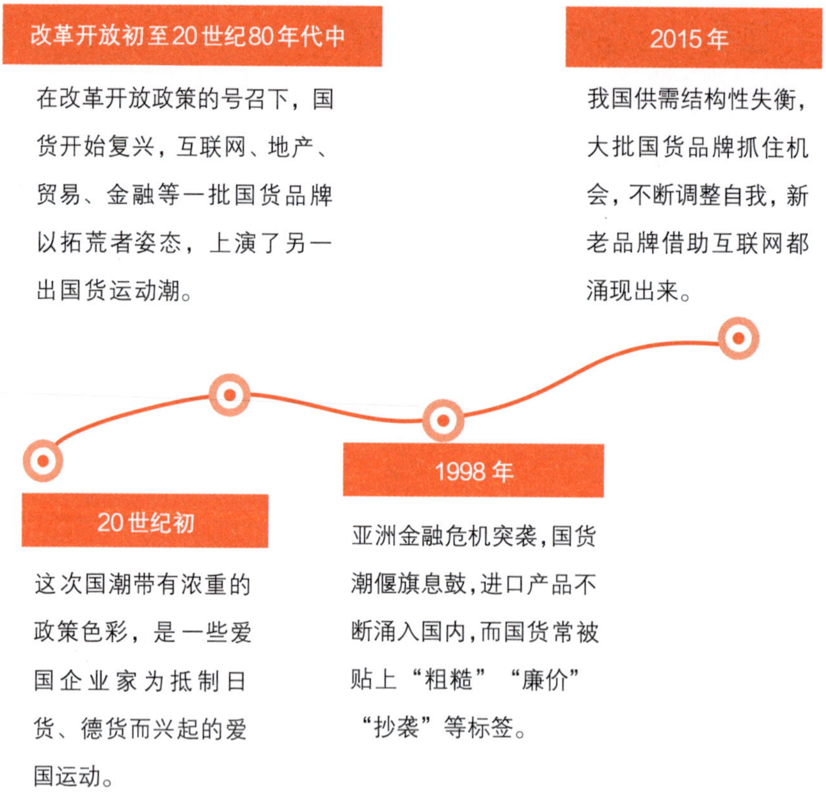

改革开放初至20世纪80年代中

在改革开放政策的号召下，国货开始复兴，互联网、地产、贸易、金融等一批国货品牌以拓荒者姿态，上演了另一出国货运动潮。

2015年

我国供需结构性失衡，大批国货品牌抓住机会，不断调整自我，新老品牌借助互联网都涌现出来。

20世纪初

这次国潮带有浓重的政策色彩，是一些爱国企业家为抵制日货、德货而兴起的爱国运动。

1998年

亚洲金融危机突袭，国货潮偃旗息鼓，进口产品不断涌入国内，而国货常被贴上"粗糙""廉价""抄袭"等标签。

图4-1 国货发展过程中涌现的潮流

不同的历史发展时期，国货以不同的形象展示在世人面前，随着历史发展大潮，几经波折，尽管遭受到前所未有的挑战，有很多消失了，但国货百年积攒下来的韧性犹在，也有坚强活下来的。2015年我国出现了供需结构性失衡，大批国货品牌的发展良机又来了，面对新消费群体不断调整自我，无论是老品牌还是新品牌，借助互联网不断涌现出来。

打造品牌：品牌影响力越大，市场占有率越高 第4章

▼ 案例4-1

百雀羚曾是我国的大品牌，创立于1931年，是如今屈指可数历史悠久的化妆品品牌。品牌形象早已深入人心，但在现代年轻人眼里却没有太多存在感，主要是其无法迎合年轻消费者的兴趣。因此，百雀羚近几年发展策略的重中之重就是：年轻化。所有的品牌创新都是围绕吸引年轻消费者而做的，比如，推出"三生花"等少女系列的化妆品，包装升级等，充分挖掘线上渠道，大大提升了品牌形象。

首先是产品升级，只有为品牌注入与时代相符的新内涵，积极契合消费族群的需求，真正洞察年轻人的生活态度，先在价值观上找到和年轻人真正的契合点，强调"我"，而不是追随"他"。

其次是包装升级，更新的百雀羚包装以草绿色为主色调，以植物元素为搭配，对应"草本护肤安全"的理念，延续品牌的经典传统。同时加入了民族元素，透着一股中国式的古典之美。耳目一新的视觉形象在某种程度上改变了消费者对传统百雀羚的品牌联想。

针对年轻人追求的酷感，全面布局线上线下活动，通过创新植入、小程序、"双微"等方式，为年轻人搭建沟通桥梁，深耕年轻人市场。比如赞助冠名年轻人喜欢的节目，一系列的跨界合作，邀请多位年轻代言人代言，并根据消费者需求进行情感营销等来抵达受众的心。

尽管国货品牌的发展势头良好，但需要注意的是，国货品牌一度背负着山寨与劣质的标签。重塑品牌形象非一朝一夕就能完成，要想彻底改变仍任重道远，具体来讲，需要做好以下三个方面的工作。

图4-2 重塑品牌形象需要做好的三方面工作

（1）重塑信任

重塑信任是国货重塑品牌形象首先必须做好的工作，因为很多国货，无论

是在国内市场，还是在国际市场上，曾因山寨、劣质等失去了消费者的信任，欠下了很多"信用债"。

反观中国乳业，尽管生鲜乳抽检合格率高于进口乳制品，但海外奶粉代购仍是大部分育婴家庭的首选。这是2008年三聚氰胺事件对中国乳业信任的打击。如今，想要改变消费者心中这种观念，让他们重新认识国货，必须先从重塑信任做起。这就需要在生产能力上、供应链体系的打造上下功夫，让品牌间的差异不那么大。

以手机为例，中国智能手机厂商为什么能够迅速崛起？原因在于智能手机的行业门槛并没有那么高，所需要的零配件都能从供应商处买到，手机厂商只需要组装即可。

（2）细分为王

互联网、移动互联网时代，品牌信息冗杂，用户的阅读方式呈现碎片化的特征，因此，对于许多中小企业而言，大而全太难，小而精更现实。

细分是国货品牌在买方市场这一大环境下的生存策略，也是过剩经济下打入消费者内心的手段之一。单身、空巢青年、潮男一族、美妆达人等，咨询公司正在给不同的消费群体贴上各种各样的肖像与标签。

未来消费的个体将不再是简单的性别、年龄和受教育程度的差异，个性肖像变成了很重要的一点。完美日记正是看中了美妆达人这一消费群体，并从美妆这一品类切入市场，通过互联网的精细化运营成功崛起。

（3）进击海外

这或许是每一个有梦想的国货品牌未来必须要走的道路。试想一下，如果能从14亿多人口的庞大消费市场突围，那么由此形成的对上游供应商的议价能力、销售的规模效应、消费者的品牌效应，将会让国货品牌在海外的扩张变得更加容易。总体而言，一定要规划好国货品牌的未来发展之路，也需要持续关注这一群体的发展动向。

4.2 品牌打造源于超强的品牌意识

打造品牌首先要有超强的品牌意识，国货之所以很难产生大品牌、知名品牌，根本原因就是经营者缺乏品牌意识。

那么,什么是品牌意识?如图4-3所示就是其定义。

图4-3　品牌意识的定义

当企业非常清楚地知道自己的产品和所提供的服务在市场上、在消费者中的影响力,以及这种影响力所造成的认知度、忠诚度和联想度,并能够采取适当的战略将品牌融入消费者和潜在消费者的生活过程中时,他也就在一定的意义上培育了自己企业的品牌意识。

品牌对企业具有十分重要的作用,它对企业、产品是个全面的保护。

可口可乐前董事长罗伯特·士普·伍德鲁夫有句名言:只要"可口可乐"这个品牌在,即使有一天,公司在大火中化为灰烬,一夜之间,它会让所有的厂房在废墟上拔地而起。这就是可口可乐的强大品牌力。

在品牌的塑造上,首先得有品牌意识,意识决定行为,品牌意识对品牌的塑造起着十分重要的作用。这种作用主要体现在三个方面,具体如图4-4所示。

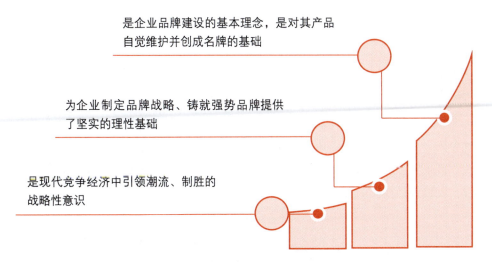

图4-4　品牌意识对品牌塑造的作用

而国内很多企业品牌意识非常淡薄，对国货走向市场已经造成了严重的阻碍，大大制约了国货品牌建设的发展。无数事实已用血与泪的教训证明，罔顾现代市场经济和品牌竞争的基本规律，最终都只能将市场拱手让人，例如，孔府宴酒、秦池……这些年已经见证过太多标王的陨落。

如果一家企业忽视品牌建设，将可能带来以下三大危害。

（1）产品品质下降、产品线延伸受阻

大多数小企业都秉持着以销售为主的经营观念，往往在销售旺季时，为实现KPI（关键业绩指标）目标以次充好，降低了产品或者服务的标准，这就必然会造成产品品质的不稳定。有些企业确实有不错的产品，但是由于缺乏品牌整合的观念，就很容易陷入"有钱可赚"的误区，盲目进行产品线延伸，造成资源的极大浪费。

（2）品牌产权意识淡薄

在没有品牌知名度前，只顾赚钱，忽视品牌建设，待产品热销有了一定的知名度后，才知道注册品牌，不幸的是已被他人注册，原来自己辛辛苦苦经营，却给他人做了嫁衣，悔之晚矣！

（3）员工归属感弱

没有品牌意识的企业，员工归属感较弱。"打一枪，换一炮"是其工作的常态，奢求员工忠心追随，简直是"痴心妄想"，品牌为企业赋能更是一句空话。

4.3 正确认识品牌意识的3个内容

呼唤品牌意识，强化品牌意识，优化企业品牌运营的社会经济环境，在全社会树立品牌意识，已经成为国货企业家的当务之急。

接下来就需要正确认识品牌意识，企业的品牌意识从经营理念的角度而言，大致包括如图4-5所示的三个方面。

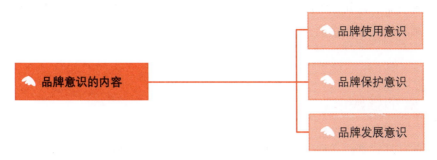

图4-5 品牌意识的内容

（1）品牌使用意识

也就是企业对品牌效用与价值、使用品牌的重要性的认知和认同。毋庸置疑，品牌对企业经营确实具有重要作用，然而这种作用的发挥是建立在企业对品牌的具体使用基础之上的，即在经营活动中积极创立和使用品牌，唯有如此，品牌才能成为企业或其产品的代表或象征，并使品牌的其他作用得以发挥。"愚笨的商人卖产品，聪明的商人卖牌子"这句话正形象地说明了积极正确地创立和使用品牌的重要性。

（2）品牌保护意识

品牌保护意识就是指企业对保护品牌重要意义的认知和理解。品牌的创立是发挥品牌效用的基础，但更需要对品牌的有效保护以为品牌发挥效用提供保障。如果产品质量低劣、企业信誉低下，或是品牌任由他人冒用，则品牌信誉很难建立，而品牌发挥其应有效用的前提正在于其拥有较高的知名度和良好的公众评价。

（3）品牌发展意识

品牌发展意识是指企业牢固树立发展品牌、增加品牌深度、不断创新品牌的思想，以不断提高品牌的市场形象和品牌竞争力，使品牌的内在价值得到充分的发挥。品牌创立固然重要，但如果没有产品、技术方面的创新，没有有效的品牌推广策略，要么品牌效用得不到延伸而止步不前，要么就是品牌被遗弃如"昙花一现"。

国货中有很多这样的例子，曾一度辉煌，如今却踪影难觅的品牌发展史，已经明白无误地昭示了"要么创新，要么死亡"。可以说，品牌意识为企业制定品牌战略、铸就强势品牌提供了坚实的理性基础，成为现代竞争经济中引领企业制胜的战略性意识。

4.4 加强建设，发挥品牌聚焦作用

树立品牌意识之后，接下来就是要加大品牌建设力度，让品牌成长为企业最核心的资源。所谓品牌建设是指品牌拥有者对品牌进行的规划、设计、宣传、管理的行为和努力。

打造品牌，不仅仅是拥有一个品牌的名称就够了，更重要的是品牌建设，以在市场中扩大影响力，在消费者心目中建立个性鲜明的品牌识别度。

2021年"中国制造"早已遍布全球，可中国在世界上的知名品牌却凤毛麟角。中国知名品牌占全球商标总量的比重仅为3%，但却占据了全球市场40%的份额和50%的销售额。世界品牌实验室公布的2020年度"世界品牌500强"排行榜显示，我国仅有43个品牌上榜，相对于14亿人口体量而言，显然还处于非常低的水平。

在经济全球化的背景下，市场经济的全方位渗透，逐步清除企业的体制障碍，催化国货品牌的定位与形成。由此可见，国货非常有必要进行品牌建设。

那么，什么是品牌建设？如图4-6所示是品牌建设的定义。

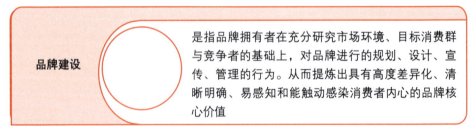

图4-6　品牌建设的定义

加强品牌建设对企业的长远发展是十分有利的，可增加企业的凝聚力。这种凝聚力，能使团队成员产生自豪感，增强员工对企业的认同感和归属感，使其愿意留在这个企业里，使全体员工产生同舟共济、荣辱与共的思想，关注企业发展。

加强品牌建设可以增强企业的吸引力与辐射力，有利于企业美誉度与知名

度的提高。好的企业品牌使人羡慕、向往，不仅使投资价值提升，还能吸引人才，从而使资源得到有效集聚和合理配置。企业品牌的吸引力是一种向心力，辐射力则是一种扩散力。

加强品牌建设是提高企业知名度和强化竞争力的一种文化力。这种文化力是一种无形的巨大的企业推动力量。同时，又是推动企业发展和社会进步的一个积极因素。企业品牌不只是停留在美化企业形象的层面，还需要与社会发展同步，促进品牌在社会上获得更大的认可，从而达到进一步拓展市场的目的，进而促进企业将自己像产品一样包装后拿到国内甚至国际市场上"推销"。

归纳起来，品牌建设对企业发展有如图4-7所示的4个作用。

增加企业凝聚力，让员工对企业产生认同感和归属感，产生同舟共济、荣辱与共的思想

可以增强企业吸引力与辐射力，提高企业美誉度与知名度，促进企业内外的资源得到有效集聚和合理配置

在企业中形成一种特定的文化，这种文化是一种无形的力量，可强化竞争

推动企业发展和社会进步协调发展，促进品牌在社会上获得更大的认可，从而达到进一步拓展市场的目的

图4-7 品牌建设对企业发展的4个作用

4.5 品牌建设的5项基本内容

在品牌建设具体实践中，应该做哪些内容呢？要做得非常多，因为品牌建设是个综合性、系统性的工程。但鉴于不同的实际，所要做的还是有很大区别，所以至少要考虑如图4-8所示的5个方面。

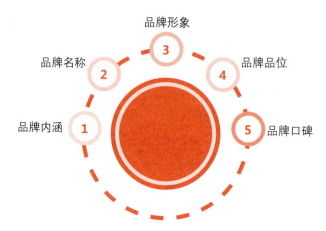

图4-8 品牌建设的5项基本内容

品牌建设是从品牌内涵、名称、形象、品位、口碑等多个角度对品牌进行塑造的。

（1）品牌内涵

品牌内涵是指品牌蕴含的深层信息，比如文化、理念、价值观等。一个好品牌一定有它深层的内涵，如有什么样的独特文化、传递什么理念，体现什么价值观等，这些是品牌的灵魂，是赢得消费者、赢得市场竞争的核心力量。

品牌内涵要具有正能量，每个人都不会拒绝美好的事物、美好的东西、美好的文字，所以一个品牌在创造吸引力的时候，一定要有个好看的外观、好听的名字，这样，消费者第一眼看到品牌或者第一次听到品牌名字时就能记住。

消费者对品牌的追求不仅体现在质量上，也体现在品牌所传递的态度上。品牌不仅要实用，还要有趣，富有正能量，能促进消费者树立正向价值观，产生社会责任感。

（2）品牌名称

人们记忆、识别一个品牌首先是从名字开始的，好的品牌名称能帮助产品吸引消费者的注意力，让消费者听到名字后，会想名字这么有趣，要看看它是卖什么的。起品牌名称是十分讲究原则的，有三个最基本的原则一定要遵循。

①对产品进行区别、分类。即要让消费者知道产品是什么，帮助消费者一眼能看出你卖的是什么？这也是品牌名称的第一作用，比如，产品是大米，就要起一个能体现大米的品牌名称，如果起类似轮胎的名称，会影响到消费者对产品的认知和判断。

为品牌下的产品起一个独特的名字，就可以让其他产品不断演化成一个系列。例如，麦满分、麦咖啡、麦旋风，这些产品让人不假思索就知道是麦当劳的产品，甚至包括麦乐送这个外卖平台。看到这些后，麦当劳这个品牌在全世界家喻户晓也是理所当然的了。

在这一点上，国货茶饮品牌做得很好，一部分饮品冠以"芝芝"的开头，不论后面搭配什么水果或茶饮，消费者都能知道这是喜茶的饮料。同样，在饮品里加入奶酪（芝士的别称）的乐乐茶也会在饮品后面加上"酪酪"以营造产品的系列感。

②概括品类信息。除了在名称上能让消费者知道产品是什么，还需要告诉消费者产品的细分需求。这就要求品牌名称能概括产品的品类。例如饮料，市面上有很多种产品，碳酸饮料、矿泉水、茶饮、功能饮料等，而消费者在购买时，往往只是对其中的一种有需求。是茶饮还是功能饮料？品牌名称要能满足消费者的这种细分需求。

康师傅红茶，康师傅是品牌，红茶是品类信息，这样便于消费者迅速从众多饮料中找到自己的所需。如果再深入细分的话，还可以与同质红茶做对比，突出产品的卖点，比如康师傅柠檬冰红茶，精准地满足了喜欢柠檬味道消费者的需求。

③符合消费者的记忆习惯。以上两点已经建立了品牌名称的大致框架，为了让名称变得更好，有一个原则要记住，那就是便于消费者记忆，越简单越容易记忆的名称越受欢迎，尽量不用生僻字、难以记忆的词。

最好用叠字，易于产生联想的词，如转转、陌陌、盼盼法式小面包、滴滴打车、娃哈哈儿童营养口服液、洽洽瓜子；也可以使用动物名称的词、画面感强烈的词汇，例如啄木鸟服饰、红蜻蜓皮鞋、天猫商城、网易考拉。

（3）品牌形象

每一个国货品牌要想从普通品牌走向知名品牌，首先自身必须有一个好的形象。品牌形象是指企业或其某个品牌在市场上、在社会公众心中所表现出的个性特征，它体现公众特别是消费者对品牌的评价与认知。

对于国货而言，如何构建形象，一是要提升产品品质，提升服务质量；二是要注重文化修养，文化的传承。人们对品牌形象的认识最初是基于影响品牌的图标、语言与声音。

①图标。我们生活在一个充满图标的世界里，它们往往能为品牌起到文字

说明的作用并养成用户习惯，而这种习惯又能使人们不断加强对品牌的认识。

在任何需要付款的地方，消费者只要看到银联、支付宝、微信其中一个图标，都能准确地打开对应的应用。

②语言。据说，在美国，80%的人听到"欢迎来到梦想之国！在这里，尽情放飞你的创意和幻想，让微笑和魔力代代相传"后都辨认出了这是迪士尼的广告语。而在国内，相信80%的人们在听到"今年过节不收礼"甚至是"过年、收礼"这些类似词组合的时候，都能想到那两位可爱的老人家。

树立一句耳熟能详的语言秘诀就是把宣传语融合进品牌传播过程中的所有场景中，甚至包括公司内部。

③声音。声音可以很好地对品牌特性及营造使用感受起到贡献。最典型的就是QQ收到信息的"滴滴"声，仅此一声，就让多少人记住了QQ，即使多年后不再使用QQ的老用户，在听到这个声音时也会感慨万千，怀念曾经的时光。

与之类似的还有共享单车，当我们扫开青桔共享单车时，会发出一声非常俏皮的哨声，好像要开始比赛一样，这一声也让很多人记住了众多共享单车品牌中的青桔。

（4）品牌品位

品牌品位的意思就是品牌档次，严格地讲品牌本身是没有品位的，但是向消费者传达企业的经营精神和企业文化，可以提升消费者的品位。这也正是知名品牌与普通品牌的区别。

一个品牌只有赋予了文化和品位才能更加"高大上"。让品牌有个性，有品位，有档次，有趣味，才能带给消费者无限的想象空间，给消费者的生活带来更多新鲜的体验。

（5）品牌口碑

品牌口碑是以口碑形式存在的品牌印象，是品牌动态表现的一种形式，它的具体表现包括人们口头上对品牌的赞颂、对品牌的各种议论和评价。

口碑决定着品牌对消费者的影响力能否发挥到最大，口碑好，品牌影响力就好。口碑是品牌发展的支撑，也是企业形象最直接的体现，构建品牌口碑，才能增加品牌的辨识度，让品牌更加靠近大众，更接地气。

4.6 提升品牌价值的4大策略

品牌建设要求先制订以品牌核心价值为中心的品牌识别系统；然后，以品牌识别系统统率和整合企业的一切价值活动（展现在消费者面前的是营销传播活动）；同时，优选高效的品牌化战略与品牌架构，不断推进品牌资产增值，最大限度地合理利用品牌资产。

为使品牌价值最大化，可采取如图4-9所示的4大策略。

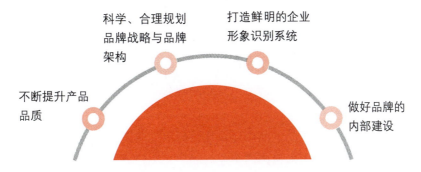

图4-9　品牌价值最大化的4大策略

（1）不断提升产品品质

产品质量是品牌建设的基石，是一个品牌区别于另一个品牌的重要因素之一。一个产品如果质量不达标，即使花费再大的人力、物力、财力去建设品牌，也如空中楼阁，经不起市场和消费者的考验。

需要注意的是，这里的"品质"并非仅仅是产品质量。它是一个综合性概念，除了产品质量，还包括产品的有效性、安全性、稳定性、经济性，具体如表4-1所示。

表4-1　产品品质包含的内容

产品品质	具体内容
产品质量	适合一定用途，满足使用要求所具备的特征和特性的总和
产品有效性	是指产品在一定条件下，有效实现预定目的或者规定用途的能力。任何产品都具有其特定的使用目的或者用途
产品安全性	是指产品在使用、储运、销售等过程中，保障人体健康和人身、财产安全免受损害的能力

续表

产品品质	具体内容
产品稳定性	是指产品在规定的条件和规定的时间内，完成规定功能的程度和能力
产品经济性	是指产品的设计、制造、使用等各方面所付出或所消耗成本的程度。同时，亦包含其可获得经济利益的程度，即投入与产出的效益能力

（2）科学、合理规划品牌战略与品牌架构

现在很多国货品牌都在追求多元化发展，但其品牌建设往往仍是围绕提升一个或同一类产品而进行的，产品种类一旦增加就面临着很多难题。因此，实施品牌战略与品牌架构势在必行。

在品牌建设上，很多企业面临这样一个问题：究竟是在原有基础上进行创新做品牌延伸，还是从头开始重新创立一个新品牌呢？若创立新品牌，那么原有品牌与新品牌之间的关系如何协调？总品牌与各分品牌之间的关系又该如何协调？

这也是为什么单一产品的品牌建设比较简单，而多元化产品的品牌建设就困难得很的原因。随着大多数国内企业产品多元化趋势的加强，进行品牌战略与品牌架构优选战略显得非常有必要。

（3）打造鲜明的企业形象识别系统

品牌建设是制定以品牌核心价值为中心，以企业识别系统统率和整合一切价值活动。其中企业识别系统就包括企业形象识别系统（CIS），它包含企业理念识别（MI）、企业行为识别系统(BI)、视觉识别系统(VI)，这些共同构成了企业形象。

企业形象是品牌的自我形象定位，也是区别于其他品牌的根本所在。品牌只有在达成企业形象的基础上才能称为品牌，不然没有生命力与延展性。有很多国货品牌曾经正是因为在企业形象打造上力度不够，被外资"强娶"不复往日荣光，后又全线产品新装上市，推出了全新的品牌形象才力挽狂澜。

> ▼ 案例 4-2
>
> 中华牙膏品牌创立于1954年，已经拥有六十多年历史。1994年被联合利华集团租用。中华牙膏旗下产品拥有联合利华全球研发中心的支持，技术领先，承诺优秀品质，并且是国内唯一获得FDI（国际牙科联盟）认可的牙膏品牌。

中华牙膏拥有美白、口气清新、全效、中草药和防蛀5个系列，10个品种的牙膏，覆盖了较全面的牙膏功效需求，形成了较为完善的产品线。2011年6月，中华牙膏全线产品新装上市，推出了全新的品牌形象，给消费者以年轻、自信的品牌理念，让品牌由相对陈旧的形象转化为年轻、现代的新品牌形象。

（4）做好品牌的内部建设

品牌内部建设是品牌打造最基础的部分，它是整个品牌建设的核心。品牌内部建设建立的是企业与员工之间的关系，品牌建设最终建立的其实是消费者与员工之间的关系，只有当内外部品牌建设步调一致时，品牌价值才能真正凸显出来。

一个品牌要想被消费者理解和认同，先要得到企业员工的理解和认同，因为员工既是品牌文化的创造者，也是品牌文化的传播者。所以，做品牌建设，首先要让员工深刻理解并认同企业的品牌理念，如果连自己的员工都不能理解品牌的内涵，一切都只是照章行事，产品或服务毫无特色或流于形式。

企业要提炼出品牌理念，更要培养员工的品牌意识。

▼ **案例4-3**

在箭牌口香糖的办公室内随手可拿到各种口味的口香糖产品，每次开会前工作人员总会往会议桌上发口香糖，连做演讲的人都是边嚼口香糖边演说；爱芬食品的员工经常能发到最新出厂的各式巧克力，自己吃不完的只能不断送给亲朋好友；达能乳酸酪给每位基层业务代表每天发一瓶最新鲜的酸奶，千方百计地教育员工养成每天早上喝一瓶酸奶的习惯……

几乎所有的知名外资企业无一不是在不遗余力地不断地向员工宣讲企业的品牌理念和企业所经营产品的品质与功效，培养员工的消费习惯，建立员工对产品的忠诚度，从而使得每一个员工成为企业品牌与产品最忠实的卫士和传播者。

由此可见，打造一个百年长青的国货品牌还需要从企业内部做起，从企业每一个基层员工的内心做起，从点点滴滴的小事做起。如果员工对品牌的内涵有了深刻的理解，并把打造品牌的目标内化成自己的自觉行动，他们就会变成一支强大的品牌队伍，从而起到四两拨千斤的巧妙作用。

4.7 提升品牌知名度和美誉度

2006年后,我国开始了一项"振兴中华老字号"的工程,到2021年止,中华人民共和国商务部(以下简称"商务部")共认定了1128家中华老字号。尽管如此,中华老字号的传承还是面临着诸多问题。据商务部统计,只有不到10%的中华老字号发展得还算不错,半数以上的中华老字号仍处于自生自灭的状态,很可能会永远消失。

中华老字号是国货品牌中最主要的组成部分,但它们目前的处境比较尴尬,反映着"国货复兴"道路中一个突出的问题:品牌建设做得不够好。有的中华老字号品牌知名度低,有的甚至干脆没有品牌意识,从而导致销量大幅下降。一个产品一旦失去市场,失去消费者,其最终的命运就是慢慢消失。

从这个角度看,国货要想真正崛起,在竞争中走得更远,必须树立品牌意识,重视品牌建设。一个人要活出精气神,企业也要活出精气神。而促使企业焕发出不一样精气神的力量就是品牌。

接下来,看一个关于品牌的故事。

▼ 案例 4-4

小陈是在淘宝上卖眼镜的,他做了八年多,价格越来越低,利润越来越薄,竞争越来越激烈,感觉是生意越来越难做。

其实,这种情况在每个行业都存在,但每个行业又都有做得很好的,原因何在?小陈带着这种疑惑咨询品牌专家,得到的建议是要做自己的品牌。这八年间,小陈一直在做的是低价进货,加点利润再出货的中间商,这种模式在当前激烈的竞争中没有任何优势,只会越做越累。

后来,他注册了自己的品牌,坚持走品牌之路。不但卖别人的产品,而且还有了自己的产品;同时,还为学校、培训机构等做公益,提升了品牌知名度和美誉度,一年后,他的品牌之路越走越顺,生意越来越好,年销售额不断创新高,一跃成为平台上类目前列。

小陈的经历非常具有代表性,很多企业没有品牌意识,大多数处在卖货阶段。有的尽管销量还行,也有自己的商标,但思路和模式仍然是卖货模式,没有上升到依靠品牌提升竞争力的层次。

打造品牌：品牌影响力越大，市场占有率越高 第4章

卖货模式在起初，易获市场红利，发展快，风险小，然而一旦市场竞争激烈就会走向低价、微利，甚至赔钱赚吆喝的境遇。而走品牌之路，一开始可能会困难些，既要开发自己的产品，还要不偏离自己的主线，保证产品和服务质量，比较艰难，但从长远看，越走越顺，越走越长久。

比如百雀羚为让自己一直变得"年轻"之余，学会了用接地气的方式跟年轻人讲故事。下面以百雀羚的"穿越大片"《韩梅梅快跑》为例。

▼ 案例 4-5

百雀羚的"穿越大片"《韩梅梅快跑》这则广告用"穿越"的形式传达了最能让年轻人产生共鸣的"做自己"的主题。片尾的"愿你出走半生，归来仍是少女"也成了被频频转发的金句。尽管在这支长达6分钟的短片中，百雀羚只在片尾最后一句出现，但这种打情感牌的方式却收获了如潮好评，许多年轻女性都被百雀羚"吸粉"。

另外，百雀羚还强势"入侵"二次元，针对90后、00后以及喜好二次元的人群跨界推出了洛天依限量产品，其文案"愿你单枪匹马，也能漂亮面对"更是将产品功能与用户心理诉求做了很好的结合。

除此之外，传统国产汽车厂商红旗则在发展历程中逐渐改变以往的固化形象，以"尚·致·意"为核心，形成了中式新高尚精致主义，成为经典品牌复兴的标杆，除此之外红旗还跨界联合李宁服饰定制红旗主题卫衣，成功吸引年轻群体的目光。

完美日记几乎每款产品都自带故事，刚刚发布的浮光系列香水，完美日记特邀日本著名导演岩井俊二倾情掌镜去呈现一个关于气味和治愈的故事。整个影片以主推款"白日梦"为主题，以白花作为重要的意象与符号，展现了一个不断重叠的多重梦境。

品牌，被认为是企业的无形资产，可以给产品带来高附加值，延长产品生命力，促使消费者认可产品；品牌也是做好营销的核心所在，任何营销都离不开品牌的支撑，宜家家居、江小白、盒马鲜生、三只松鼠、小米手机、采乐这些品牌为什么会受到消费者的青睐，核心就在于抓住了品牌营销这个最主要部分，以品牌价值和知名度带动营销；品牌还可以增强企业竞争力，使企业屹立于市场，保持旺盛的竞争力。

所以，对于国货来讲，当前主要的工作还是提升品牌知名度和美誉度，提升品牌在消费者记忆中的印象。

4.8 建立完整的宣传渠道链条

说到品牌建设，很多人首先想到的是，如何做好品牌自身的运营与管理，让品牌更完美。其实品牌建设还有一个层面的含义，那就是传播、推广工作，让消费者了解、信赖和喜爱。

品牌建设仅靠内部运营与管理是不足以建立起来的，就像人的气色一样，气色的好坏虽然取决于身体内环境的好坏，但与外在环境的影响也息息相关。品牌建设是一项由内而外的大工程，它的建立除了依靠企业全体员工全情投入外，还有赖于完善的宣传推广渠道。

那么，国货品牌的推广渠道有哪些呢？下面从消费者了解国货、购买国货的途径来分析。

（1）消费者了解国货的途径

人们对国货信息的了解，最先是从电视、广播、广告、门店体验等，后扩大至电商平台。2020年，有媒体曾对国货购买渠道做过一项调查，82.2%的受访者是从电商平台获知，超过电视、广播、广告、门店等传统渠道。

具体如图4-10所示。

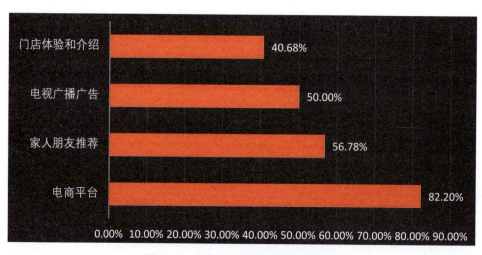

图4-10　消费者了解国货的途径占比

近几年的相关数据显示，网络平台、电商平台成为国货宣传、推广的主流渠道。消费者通过电商平台了解、购买国货的比例已达80.51%。

▼ 案例 4-6

例如，完美日记、花西子的大火都是通过网络平台实现的。再如，直播带货，让国货品牌在抖音、快手、B站等社交平台大放异彩。2020年5月10日天猫推出了新国货大赏，让消费者感受到了各个平台对国货的扶持力度，如图4-11所示。5月20日，拥有1.5亿粉丝的人民日报联合头部主播老罗，在抖音上进行国货的直播带货，如图4-12所示。

图4-11 天猫的新国货大赏

图4-12 人民日报抖音上直播带货首秀

从图4-10中还可以了解到，消费者对国货的了解渠道是"家人朋友推荐"，仅次于"电商平台"，接下来依次是电视广播广告、门店体验和介绍。

（2）消费者购买国货的途径

随着互联网、移动互联网的发展，线上购物已经基本超越了线下，尤其在较年轻的消费者中，网购比例达到80%以上。

就国货而言，电商平台网购比例达到了80%以上，其他渠道依次是商场、购物中心、超市、大卖场和微商等，具体如图4-13所示。

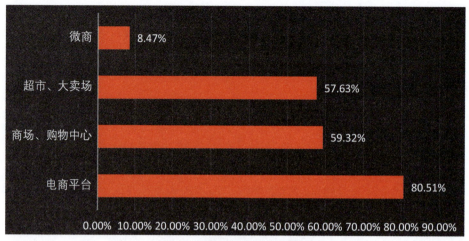

图4-13 消费者购买国货的途径

综上所述,国货品牌在建立宣传推广渠道时,应该从以下4个方面入手。

(1)积极进驻网络平台、电商平台

事实已经表明,通过电商平台接触并了解到国货品牌的消费者越来越多。而电商平台的大力推广和补贴,更是成了促进国货品牌大卖的最大"助推力"之一。

例如,2021年"双十一"期间,国货成为拼多多大促活动推荐的重点,包括九阳、格兰仕、立白、洁柔、上海家化、张小泉、箭牌、倍轻松、科沃斯、鸿星尔克、回力、周大福、良品铺子、蒙牛、鲁花、美特斯邦威等众多国货品牌。这些品牌通过拼多多平台的官方旗舰店,联手展开多种形式的平台合作。

可见,国货品牌与电商平台展开合作,尤其是当前比较火热的大平台,不可忽视。平台就是流量,而流量是决定品牌曝光度、美誉度的重要因素。

(2)提升品牌口碑,做好品牌营销

国货的推广工作与其他品类的推广是有些不同的,最大的不同就是由于很多国货品牌知名度低,或者本身就比较小众,对口碑的依赖性比较强。

有很多人表示,自己之所以会选择某品牌,正是在家人、朋友、同事的推荐下。当然,这种推荐不仅仅指口口传播,还包括社交平台。比如,一些人会在朋友圈晒自己刚买的新服装、刚出的口红新色号,还有些人会在小红书平台写关于国货平价好物、亲测好用的使用报告,这些亲身体验都是一种"口碑"

传播。

从这个角度看,品牌方必须注重口碑营销,不断优化消费者服务和体验,让消费者在使用完产品之后甘愿为你做二次推广。

(3)创建属于自己的自媒体矩阵

2020年互联网的最大金矿就是自媒体,已经成为最主要的线上营销推广渠道之一。很多国货品牌已经建立属于自己的自媒体矩阵,更有一些新国货品牌正是在自媒体上火起来的。

但是做好一个自媒体也不是那么容易的,需要组建专门的运营团队,选择什么平台,创作什么内容,怎么通过自媒体来实现变现等,都是需要考虑的问题。

(4)打造门店极致消费者体验

在互联网主导新零售的时代,国货的销售线上虽然已经超越了线下,但这并不意味着门店就失去了存在的意义。

互联网时代门店如何发挥它的作用?关键是转型。过去,门店是产品销售的窗口,现在则主要是作为消费体验的场景,以达到提升消费者体验,增加门店引流能力,聚集稳定消费者的作用。它一面提升自身的营销能力,另一方面弥补线上消费的不足。

4.9 发挥自身优势,实现差异化竞争

国货的低价质优优势在新一波国潮中展现得淋漓尽致。既然有这么多优势,那为什么这么久以来无法赢得消费者青睐呢?这与市场形势有关,我国的市场长期受国际品牌的冲击,再加上国人对国际品牌的盲目追崇,国货在很长一段时间内被淹没在了洪流中。

时至2021年,仍然有很多人对国货持偏见态度,看不到,或者说根本不愿意承认国货的优势。比如,低价本是好事,反而被其看作是劣势,并粗暴地认为低价等于质量次。

相比国际品牌,国货品牌的优势有以下3点,如图4-14所示。

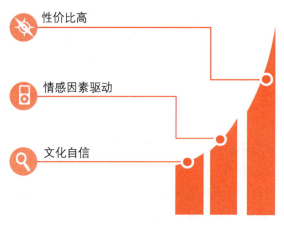

图4-14 国货品牌的3个优势

（1）性价比高

在关于"国货品牌最吸引你的地方是什么"的调查中，受访者选择最多的是性价比高、情感带入、质量过硬。其中85.59%的受访者认为，性价比高是选择国货品牌的理由。

消费观念的改变使消费者在国货品牌和国际品牌的选择上有更多的考量。在产品基本功能相同的情况下，消费者更倾向于选择价格相对低廉的国货品牌。

▼ 案例 4-7

> 友谊雪花膏是一款老牌护肤品品牌，很多年轻人不太熟悉，其实它是国货中的老品牌了，历史悠久，价格也非常便宜。这款雪花膏，经历过时间的沉淀，而没有被淘汰，说明品质非常好，质量得到了大众的认可。它本身也是不含激素和刺激性成分的，滋润保湿的效果非常好，还有非常浓郁的香味。对于一些上了年纪的人，这种味道也是一种怀旧的味道。

（2）情感因素驱动

现在活跃在市场上的不少国货品牌，大多是20世纪末21世纪初一度盛行的。可以说，伴随了当前消费者主力70后、80后、90后的一路成长，因此，对于这部分人群来说，国货还有着一层特殊的意义——怀旧。

现在很多国货品牌就是打情感牌，毕竟还有很多人愿意为情怀付出。

（3）文化自信

中国的国际地位得到提升，国人对中国文化更加自信。而国人不断增强的文化自信和文化认同感，成为国货当潮的原动力。特别是年青人，能够坚定而自信地"平视世界"，在追求时尚张扬个性的同时，愿意支持国货，以"中国范儿"为荣，国际大牌不再是消费者的首选。因为文化自信趋势，国货品牌的地位得到极大提升。

将大中华区作为能够对业绩做出巨大贡献的加拿大鹅2020年第一财季业绩却不太好。作为近年入驻中国市场的国际奢侈品牌，其2019财年第四季度业绩首次未达到市场预期，而本次公布的业绩利润也同比下降，亏损扩大。

▼ 案例 4-8

> 国产羽绒服品牌越来越多，像波司登、雪中飞这样的老牌羽绒服借国潮的势迅速崛起。波司登就是其中之一，取得了非常大的发展。据2018/2019财报显示，主品牌波司登羽绒服收入同比上升38.3%至68.49亿元，并在消费者群体中形成了高达97%的品牌认知度，成为我国消费者心中羽绒服第一品牌。
>
> 同时风靡美国的"亚马逊外套"也是来自中国的羽绒服产品。这款羽绒服防风、防水，实用性很高，售价却仅有100多美元，高性价比让这款国产羽绒服迅速在美国走红，大街小巷都可以看到人们穿着这款羽绒服。

综上所述，国货品牌不仅在国内逐渐树立起品牌形象，而且还开始向国外市场渗透，与国际品牌短兵相接，形成国际市场效应。可以说，这也是国货与国际品牌争夺市场的策略之一，发挥自身优势，实现差异化竞争。

第5章 融入文化：善于与文化结合，打造品牌文化

导读 ▸ 故宫用传统文化打造特色口红

故宫口红是华熙生物润百颜与故宫的一次深度IP合作而推出的套系美妆产品。其最大特点是别致的口红膏体及外观设计，一种外观设计对应一款膏体色，如图5-1所示。

图5-1 故宫口红外包装设计

膏体颜色均来自故宫博物院所藏的红色国宝器物，外观设计灵感则汲取清宫后妃服饰，以"宫廷蓝"为底色，黑、白、赤、青、黄五方正色体系为主色。同时，采用3D多层打印科技，将传统图案打印在口红管上，彰显织物的肌理和刺绣的立体感。口红管上的图案也十分有特色，上方是仙鹤、小鹿、蜜蜂以及各式各样的蝴蝶，下方以绣球花、水仙团寿纹、地景百花纹、牡丹、四季花篮等吉祥图案，传递着中国传统审美意趣。

这套口红，最初共6款，每款都有自己的特色，具体如表5-1所示。

表5-1 故宫口红的6种唇色及设计灵感

唇色	唇色灵感	特色
郎窑红	源自郎窑红釉观音尊,色号类似正红色	女王气场十足
豆沙红	源自豇豆红釉菊瓣瓶,色号类似豆沙色	低调内敛
玫紫色	源自钧窑玫瑰紫釉菱花式三足花盆托,色号类似玫紫色	霸气外露
碧玺色	源自桃红碧玺瓜式佩,色号介于浅枚色和桃红色之间	热情活泼、张扬
枫叶红	源自矾红地白花蝴蝶纹圆盒,色号是温暖的枫叶红	哑光口红
变色人鱼姬	源自胭脂水釉梅瓶,色号是带有亮金的粉色	少女感爆棚

故宫口红的成功,依靠的就是对中国传统文化的深层挖掘与二次创作,从而形成了独特的艺术风潮。利用传统文化元素,不仅仅是提升视觉审美,也是帮助我们找回祖先对衣、食、沐生活细节的尊重。这些容易被现代快节奏生活所忽略的细节,同样承载了生活的真谛。

再者,很多老牌国货经历了快速发展的过程,尤其是老字号面临着新的历史机遇,已经到了行业发展的瓶颈期。而这背后显示出我国大多数品牌在风格调性、文化元素、设计创新等方面都有待提升。因此,提升国货品质的一个重要做法就是融入文化,而深厚的文化底蕴则是国货的巨大优势,只要善于挖掘、善于利用,就能助品牌重新起飞。

对国货来说,国潮不只是一个噱头,对"国潮"传承,不仅仅是传承中国图案,更重要的是中国情怀、中国智慧。

5.1 立足文化,赋予国货新生命力

企业做品牌的途径50%是增加科技投入,50%则是增加文化含量。传统文化的传承与创新是新国货不可缺少的品牌建设。对于国货与文化结合的未来趋势,业界有一个高度一致的观点,那就是在做到"硬核"质量的同时,在设计中融入更多的传统文化元素,保持中国特色,传承中国文化,提高品牌价值。

例如,苏州园林形象被刻画进糕团点心,红楼梦、乾隆探店等江南文化系列主题故事均可寻见——走进苏州观前街稻香村首家体验店,"前店后厂"式的现烤裸卖区、手作区、茶饮休闲区与文化体验区内,人来人往,姑苏糕点吃局琳琅满目,仿佛置身古今交融的苏州精致生活现代秀场,吸引众多消费者争

相"打卡",体验品尝。

当然,还有大家熟知的老国货百雀羚、飞跃、回力等,在新时代没有被一个"老"字困住,紧跟步伐,通过对中国文化的挖掘与二次创作,不断地刷新认知,逐渐摆脱了窠臼,实现了完美转型。

说起国货与传统文化结合的成功案例,最有影响力的无疑是运动品牌李宁,它把中国文化大力推向了国际市场。

▼ 案例 5-1

2018年,中国李宁踏上顶级时装周秀场——纽约时装周,大放异彩,它向世界展示了中国传统文化独特的风采。浓厚的中国风设计,再加上黄红汉字,极具特色的印花LOGO,十分显眼。

大胆创新的中国元素,明亮的颜色搭配,这样的设计一时间惊艳了全世界,不少明星也都穿上了中国李宁的衣服,甚至不少款式遭到了哄抢。

李宁运动装站在运动的视角,表达了对中国传统文化和现代潮流时尚的新理解,也使这一品牌的旧形象被彻底打破,重新赢得国内消费者的热爱,至此,这个中规中矩的国产运动品牌,成为"国潮"典范。紧接着,李宁又推出了一批又一批的爆款产品,图5-2所示为李宁官方微博上的"中国李宁2022春夏秀"。

图5-2 李宁官方微博宣传推出爆款运动鞋

当我们还在为追求时尚潮流,不停更换国际潮牌的时候,大众熟悉的李宁一次次让我们眼前一亮。

对于很多年轻消费者来说，购买国货不只是对质量的认可，更是一种文化自信，希望品牌能代表中国的精神力量。因此，国货要想在品牌中建立起鲜明的文化印记，就必须立足文化，长期坚持品牌文化沉淀。

企业的文化越深厚，文化对品牌的支撑越大。

以国际服装品牌为例，很多知名品牌都有几十年，甚至几百年的文化积淀。在文化的指导下，色彩、产品设计体系、风格都是固定的，例如LV、Gucci的经典造型。爱马仕的丝巾图案，不断把艺术融入丝巾中，每一件丝巾都成为艺术品；LV推出的旅行哲学，卖的是旅行文化，每一个广告都与旅行者有关，传达出深刻的旅行哲学。

这也对国内企业提出了更高要求：只有立足文化，把品牌文化做好，才能走得更远。

（1）老字号：推陈出新

就品牌文化这个层面而言，国货较之国外品牌更有优势，因为老字号都蕴含着深厚的传统文化。

▼ **案例 5-2**

> 全聚德2017年至2019年，营业收入不断下降。这是因为主力消费者年龄段比主要竞争对手大8~10岁；运营团队的年龄也普遍比对手大10岁左右。但全聚德作为老字号具备文化积淀、产品和服务传统技艺的天然优势，在国潮新势力带动下，迎来了品牌新生的发展机遇，重获年轻人追捧。
>
> 推出全新"萌宝鸭"IP形象，打造北京餐饮老字号首家光影主题餐厅，用短视频方式通过众多平台推介全聚德二十四节气菜品……通过多路径精心布局，全聚德也"潮"了起来。

全聚德追赶"国潮"不只是改变一款产品外包装，或是简单地搭上传统文化元素营销，而是企业对产品历史与品牌文化价值的传递。未来，全聚德将重点打造产品+服务+场景新格局，聚焦老字号精品门店升级，拥抱新零售、新媒体，推进数字化转型，提升运营效率，以文化赋能品牌可持续发展。

（2）新品牌：深度挖掘

站在文化国潮的风口，老字号推陈出新，新品牌也顺势起飞、百花竞放，通过不断加强对中华文化、传统审美的深入理解与融合,来展现不一样的品牌文化。

首先要知道新品牌"新"在哪里?新在个性化的设计、多元化的产品、洞悉人心的营销。而这一切都融入了文化,与早年间把"国潮"LOGO简单粗暴地印在产品上相比,如今国潮新品牌在寻找产品与中国元素的契合点上更加巧妙,比如,祥云、仙鹤、雕刻……这些从前与时尚完全搭不上边的元素,出现在各类商品中,引领潮流风气之先。

这些在国产美妆品牌上,表现得尤为突出。完美日记每推出一款产品,几乎都能看到中华传统文化的影子,"粉黛高原""赤彤丹霞"的国家地理系列眼影,活灵活现的动物系列眼影……每一款都成了当时美妆市场的爆款。

新国货品牌中的文化看似不经意,其实并非偶然。这都是品牌方敏锐地洞察当下消费者的审美趣味,并围绕需求创新供给的结果。

5.2 引经据典,打造中国特色国货

在继承传统文化时,尤其要注意对经典文化的引用。国货,建立的是消费者的文化自信,首先就是对经典文化的承载,引经据典。

中华文化源远流长,形成众多经典,比如,诗词、歌赋、雕塑、绘画等都是文化瑰宝。有很多国货品牌便是借用古典文化,打造特色,赢得市场和消费者的认可。

▼ 案例 5-3

"茅五剑"之一的剑南春始于南齐年间,传承长达1500年之久,自唐朝时便作为酒中佳酿名扬天下,正史《旧唐书》第十二卷有"剑南岁贡春酒十斛"的记载,印证了在唐代德宗之前(公元779年),四川绵竹所产的剑南春酒品质已经很好,被作为朝廷贡酒,明确要求每年进贡,而"剑南烧春"之名也正源于玄宗御赐,并进入了历史高光时期。传承千年以后,剑南春成了当代高端白酒品牌,成为中国至今尚存的唐代名酒。

饱蘸浓郁中华文明的剑南春正在挖掘这一历史财富。2021年,剑南春推出

第 5 章 融入文化：善于与文化结合，打造品牌文化

与三星堆博物馆的首款联名酒"剑南春·青铜纪"，瓶体采用三星堆青铜面具造型，独有的青铜釉色渲染，完美演绎了神秘的三星堆文化与千年飘香的蜀地名酒的交融。

古典韵味总是有让人欲罢不能的魅力，这也是为什么很多品牌喜欢嵌入经典文化元素。从消费角度看，当代年轻人已成为消费传统经典文化的主力军，对传统服饰、古典乐器、传统舞蹈、传统美食都表现出浓厚的兴趣。他们对经典文化的兴趣不只是表现在嘴上，而是身体力行去实践。有近半数的00后会因产品融入了国风元素而购买国货。

比如，越来越多的年轻人喜欢打卡红色景点和文旅博物馆、购买文物修复盲盒、玩古风剧本杀、体验古风摄影等，国风元素加上沉浸式消费体验已然成为刺激年轻人消费的新驱动因素。

传统经典文化博大精深，包罗万象，经过数千年的发展已衍生出多样化的文化符号和元素，为品牌和产品提供了丰富的创意素材。在众多类型的经典文化当中，古风最受欢迎，融入古风元素的产品最容易提升年轻人的购买兴趣，其中90后中感兴趣的人群占比达54.6%，00后占比达73.3%（参见《2021新青年国货消费研究报告》）。

古风元素在国货上的应用主要集中在服饰、运动鞋、饰品珠宝、美妆护肤、食品饮料等类目上，现在越来越多的国货开始走古风路线。

例如，佰草集一直是国内高端护肤品牌，2016年开始涉足彩妆行业。其推出了多款古风新品彩妆，从颜值到使用感都非常优秀。其中某款溢彩气垫，借鉴了中国传统的漆器设计，立马给人以高贵的印象，如图5-3所示。

图5-3　佰草集某款溢彩气垫

再如,玛丽黛佳被称为名副其实的"国货之光",是第一个入驻丝芙兰的国货品牌,而且在各大时装周上也经常能看到它的身影,算得上中国风的代表性产品。图5-4所示是玛丽黛佳新出的国风复刻唇釉,每一支都是秋冬热门色号。它质地顺滑又能呈现哑光雾面质感,涂在唇上很滋润不拔干,每一支颜色都特别饱满。

图5-4　玛丽黛佳国风哑光唇釉

需要注意的是,古风文化很容易脱离产品自身属性,很多产品只是一味地堆砌元素,没有洞察消费者的需求和偏好,将设计元素结合到产品特性中去,因此很难引起消费者的共鸣。

经典文化元素不能仅仅体现在外包装上的图案、图腾等"外在"层面,还要体现在原料应用、制作工艺等"内在"层面。因为当代年轻人对于古典文化的喜爱不只停留于"视觉层面",他们还追求"身临其境"的消费体验。

没有传统文化的传承与创新,只靠黑科技是打造不了"新国货"的,然而只传承文化,没有创新的年轻化表达,市场又不买单。中国文化特色是新国货的魂,创新的年轻化表达是新国货的外在气质与行为举止,两者必须相辅相成。

5.3 时尚潮流，吸引年轻人的目光

传统文化要善于创新，符合潮流导向，否则就很难吸引年轻人的目光，激活年轻人的购买欲望。在国货中融入传统文化，目的就是迎合年轻一代消费者的内心需求，而年轻消费者看待文化具有潮流性。

"Z世代"这一人群更喜欢借助互联网了解这个世界，接触和体验其他文化。相比于以往习惯于一成不变的消费者，他们喜欢新鲜、有趣的文化体验。

"Z世代"的崛起重塑了我国的消费市场，他们的购物渠道越来越多元化，从传统电商平台到视频直播，消费与销售的渠道、方式、理念在消费端与供给端的高度互动中不断进化。据《2020"Z世代"消费态度洞察报告》显示：2020年我国"Z世代"人群约2.6亿，撑起了4万亿的消费市场，开销占全国家庭总开支的约13%，消费增速远超其他年龄层。未来他们不仅是市场消费的主力军，也逐渐进入企业，成为社会生产力的新兴有生力量。"Z世代"年轻消费者之所以关注国货品牌，除了其设计前卫、性价比高外，还有很重要的一点就是文化自豪感的寄托。

▼ 案例 5-4

国漫人物用泸州老窖宴请朋友的画面可以想象吗？

上班族小潘就在地铁广告屏上看到了这样一幕：出自国漫电影《哪吒之魔童降世》及其姊妹篇《姜子牙》中的人物李靖、太乙真人等前来姜子牙家中做客，谈笑间，姜子牙拿出一瓶泸州老窖，庆祝大家欢聚一堂。

短短30秒，几句台词，视频就将人带入"神话世界"，营造出"我想跟你喝酒好久了"的团圆氛围。一度以高端、严肃形象示人的泸州老窖，这次通过接地气的广告吸引了消费者注意，"凡是知道《姜子牙》的人，都有可能关注它"。

除了这条广告，泸州老窖还推出联名款白酒，瓶身绘有电影角色，酒品以盲盒形式售卖，此举又赢得一波国漫粉丝的热捧。

国货在不断的升级创新中，始终坚守文化内核，兼具思想性、艺术性。甚至一些非遗产品也玩起了时尚，拥抱潮流，找到了与年轻消费者共情的突破口，跨界融合。

▼ 案例 5-5

999感冒灵颗粒是中西药复方制剂，众人皆知，可谓是医药界的经典国货。医药在大多数人头脑中向来是严肃的，可在国潮涌动的今天，999感冒灵却玩了把"潮流梗"，"破天荒"地推出了四版非主流秋裤，属实是把感冒药给卖出了新花样。由于关注度颇高，在年轻人中引起了很大反响，并在2019年春节期间，999感冒灵的秋裤一度登上热搜。

图5-5所示为999感冒灵养生朋克版秋裤海报。

999感冒灵为什么会做起秋裤的生意？这就是创意，目的也是打开年轻人的市场。俗话

图5-5　999感冒灵养生朋克版秋裤海报

说，宁可三日不耍酷，不可一日无秋裤，天冷了就得穿秋裤，注意保暖。但现在的年轻人太挑剔了，他们拒绝穿秋裤，原因是：土、老土、太土了，结果往往会被冻感冒。

因为不穿秋裤，所以冻感冒，当土酷社会美学撞上国民级话题，999感冒灵这波看似"自砸招牌"的操作，不但出其不意，而且更能看到品牌背后满满的诚意。秋裤的复兴，温暖了年轻人，也使得999感冒灵"暖暖的很贴心"品牌理念重获新生。

国潮越来越火，想要在这片红海中占有一席之地，最重要的还是保持独立思考。在碎片化的时代，内容和创意是核心，话题和潮流也必不可少，就算没有天时地利，也要靠实力破圈触达用户。随着90后、00后成为消费的主力军，他们具有鲜明的自我意识，也愿意尝试更多国货，和更多小众的、个性的品牌。

从物质层面看，90后更注重产品的品质与体验。以护肤品为例，其以90后群体青睐的"极简主义"风展现，包装也用材质提升消费者的感受，护肤理念倡导简单、真实、舒服，让生活一切从简，护肤更简单。

从情感层面看，90后是更加感性的一代，看重品牌背后所承载的情感与文化意义。"简单舒服，才是我们想要的样子""过去我们追求天然，未来寻找一种生活方式，连接过去和未来，回归本真"。

倡导用简单的方式寻找生活的快乐，就像是清晨突然伸了个懒腰，非常舒服的瞬间。希望消费者能通过半亩花田，享受护肤时刻，捕捉简单的快乐，深刻捕捉了90后对轻生活的追求。

90后消费更理性，要打动他们，就必须捕捉共性的认知。专注于为消费者提供更多有价值的信息，例如各种护肤原理、化妆技巧、穿搭指南、养生技能等，可谓是一站式的全方位生活管家，使年轻的消费者更忠诚于品牌。

所以，在追赶时尚上，需要做更专业、更走心与更细腻的传播，弱化广告类硬性消息，实现互动和共鸣沟通才是关键所在。

5.4 注入情怀，情怀是一种消费力

对于国货而言，情怀也是一种消费力，又叫情怀消费。情怀消费体现对老品牌的认同。郁美净、北冰洋、义利……如今，越来越多的国产老品牌受到追捧。专门销售"80后怀旧用品""90后怀旧食品"的小店也屡见不鲜，"情怀消费"确有发展之势。

情怀是个很难准确描述的东西，它往往与童年、记忆有关，就说消费领域，它总是和人们从小养成的消费习惯联系在一起。当消费者看见某件与小时候有关的食品、物品，可能实际上并不是很需要它，但还是愿意掏钱买下来，那么这就是情怀。如果这件东西还质量可靠，价格适宜，那很有可能就会成为爆品。

2021年7月，河南郑州的一场大水令人痛心，但因为一些义举个别品牌又活了起来，比如鸿星尔克。

▼ 案例 5-6

2021年7月22日，一条#鸿星尔克的微博评论好心酸#的动态登上微博热搜榜首位，其背后是鸿星尔克在官方微博宣布，通过郑州慈善总会、壹基金紧急捐赠5000万元物资。

这一义举也引发了大众的热情拥趸：直播间累计观看人次达到了1.2亿次，平均在线7.9万人，在线峰值80多万人，销售额暴涨、库存抢购一空、门店"抢劫"式购物在全国各地上演，全网掀起一波"野性"消费。更有网友在评论区留言："你们'野性'捐款，我们'野性'消费。"

这个平时几乎没什么"存在感"的品牌，却在危难之际捐赠5000万元物资驰援河南。这一消息激发了网友"心疼"的情怀，纷纷涌入鸿星尔克的直播间下单支持，将情怀变成了真金白银的购买。

除了鸿星尔克，还有许多国货品牌纷纷慷慨解囊，有人列出了长长的单子：捐了2200万元的蜜雪冰城，捐了1亿元的牧原股份，捐了3000万元的贵人鸟，捐了1500万元的双汇……这些国货品牌的善举感动了网友，得到广泛好评。

将对国货品牌的情怀变成真金白银的购买，是"国货当潮"的一个缩影。近年来，越来越多的国产消费品进入消费者视线，越来越多的年轻人喜欢买"中国品牌"。阿里研究院发布的《2020中国消费品牌发展报告》显示，2019年，中国人购物车里的商品超八成是国货，手机有华为、小米，家电有海尔、格力，服饰有李宁、太平鸟等。

这些国货品牌的快速发展，背后是消费者对国货品牌进一步投出了支持票，体现了民众对于国家和民族发展的自信。随着我国国力的不断增强以及人民对传统文化认知的不断加深，国民的民族自豪感越来越强烈，越来越多的中国元素开始在国内和国际市场上被广泛关注。而一些国货品牌通过对中国文化的挖掘与创造，形成了一股独特的艺术风潮，受到年轻消费者的热烈追捧。

但情怀只是表面，究其根本，品质不断提升才是国货备受青睐的根本原因。一次慈善捐赠活动并不能骤然提升消费者的品牌认可度，更多在于品牌本身所代表的生活方式与产品质量。此次以鸿星尔克为代表的国货运动品牌，大多倡导一种积极向上、坚韧不拔、温良的生活态度与品牌精神。

情怀不能以牺牲品质为代价，人们愿意首选国货，并不意味着愿意在质量上放松要求。任何商品，想要赢得消费者的信任，都离不开过硬的产品质量。对国货品牌而言，仅靠价廉或打情怀牌是远远不够的，还必须结合时代进行创新。

事实上，近年来国货消费赛道兴起的动力，不仅来自消费者的民族自信与文化自豪感，还有赖于中国产品和品牌在品质、设计、技术、创新能力等方面达到了新的高度，以及来自供应链、物流、大数据、互联网等新基础设施的强大支持。

5.5 挖掘文化创意，做泛文创产品

在国货潮中有一个奇特品类：文创品，也叫文化创意产品。随着人们生活水平的提高，新中产的崛起，文创品为适应新的审美与潮流，变得尤为突出。但这是个新生的事物，不少人都不太了解。

所谓文创，是指依靠创意人的智慧、技能和天赋，借助高科技对文化资源进行创造与提升，通过知识产权的开发和运用，而产生出的高附加值产品。其具有独特的文化内涵，这种文化，可以是传统文化，也可以是潮流文化、企业品牌文化、审美文化、信仰文化等。

例如，当我国的空间站投入使用后，掀起了全民航天热，中国航天文创品火热起来。例如，空间站积木、火箭模型、太空寄信服务、太空育种玫瑰等航天文创品，销量同比翻了数十倍。

同样的，还有非物质文化遗产（以下简称"非遗"）文创品。随着时代的变迁，很多非遗技艺面临着失传的困境，这无疑成为非遗保护与传承的最大阻碍。为了让非遗"活"起来，非遗商业化趋势进一步加强，目的就是希望通过市场化，获得更多年轻人的关注。

▼ 案例 5-7

定瓷（宋代五大名窑之一，始于唐，兴于宋），曾差点"消失"，通过商业化运作重新获得了生机。

大量非遗产品已经不再符合年轻人的审美和需求，所以必须在传承传统的基础上进行创新，并与新商业模式结合，开发了餐具、茶具、花具等产品系

列，并成为大众消费品。

定瓷非遗技艺传承人庞永辉决定让定瓷"潮"起来，接轨年轻人。2021年"双十一"期间，天猫国潮邀请十位先锋艺术家、潮流设计师对十种非遗技艺进行重新设计。庞永辉联手年轻设计师把定瓷打造成了手办潮玩，将宇航员、电子狗等元素融入其中，并联合多个品牌推出联名款。这是一种全新的尝试，天猫平台的介入，串起了传承人、设计师、品牌，每一方都能充分发挥价值，让非遗真正地潮起来，走近年轻人。

庞永辉未来还计划将定瓷与非常受年轻人欢迎的二次元文化结合，这也是此次国潮给他带来的启发。

现在的文创产品越来越多，越来越多样化，如果对这些进行一个分类，大体可以如图5-6所示的五类。

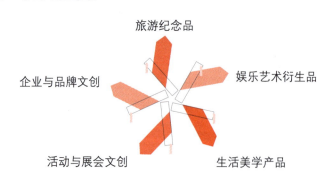

图5-6　文创产品的类型

（1）旅游纪念品

在旅游过程中，我们经常会见到各种精巧便携、富有地域与民族文化特色的纪念品，其实，这种主要是针对城市、博物馆和观光景点的文创产品。

例如北京故宫博物院（以下简称"故宫"）文创品。在文创产业带动下，故宫已不再仅仅是一座"高冷"的博物馆，更是一种以文化创意产品为代表，走进百姓生活的文化现象，据了解，故宫文化创意类产品已超万件。"朝珠耳机""奉旨旅行"腰牌卡、"朕就是这样的汉子"折扇等一系列创意满满的文创产品，拉近了传统文化与年轻人之间的距离，实现了文化的传播与再生。

（2）娱乐艺术衍生品

娱乐艺术衍生品是一种基于艺术品的艺术价值、审美价值、经济价值、精神价值而派生出的一系列商品，常见的有影视娱乐、艺术家作品、动漫IP等衍生出来的产品，如近些年较为火爆的《大圣归来》《哪吒》等电影IP所产生的周边衍生品，就是一种文创品。

（3）生活美学产品

生活美学产品是创作者通过对生活的观察，把自己的体验、感受、审美、理解渗透到创作之中，最后创造出来的产品，它背后蕴含的是创作者对生活美学的表达。

▼ 案例 5-8

> 树德生活馆是中国原创设计品牌，其将情感设计作为产品开发的第一要义，以金、木、水、火、土为逻辑，设计日常、实用、创意的物件，让人们的生活因为这些有趣的设计而特别。至今，树德生活馆原创产品已达千余款，涵盖生活家居、文创用品、创意家电、创意箱包、身体护理、文创手信等类别，二十多个系列线。

（4）活动与展会文创

活动与展会文创一般是指根据展会、论坛、庆典、博览会、运动会等大型活动所设计的产品，如2008年奥运会的吉祥物福娃就是典型代表，这种产品大都具有比较强的纪念意义。

（5）企业与品牌文创

企业与品牌文创是一种根据企业文化、品牌文化创作出来的产品，主要用于对外展示公司的企业文化、商务礼品馈赠、互联网话题营销等，像腾讯、阿里、网易等大公司都已经具备较为成熟的文创体系和产品。

5.6 利用外来文化进行文化创新

随着经济全球化的趋势加强，文化也呈现出不断融合的态势，这也体现在品牌中。这在外来品牌本土化过程中体现得比较充分。

▼ 案例 5-9

　　Kentucky Fried Chicken（KFC）是最早来到中国的跨国品牌之一，在中国叫肯德基。这种以美国州名命名的"美式炸鸡"，正是由于"肯德基"与"要啃的鸡"谐音而风靡全国。年轻的朋友相邀一聚，三五成群，首选的场所就是"走，吃肯德基去！""有了肯德基，生活好滋味！"把中国吃的文化与提升生活质量联系在一起，使中国年轻人对这种品牌文化产生了极大认同感。

　　另一个比较成功的名牌产品是Coca-Cola。它在中国有一个美妙的汉化名称：可口可乐。可口可乐这个汉语名称既朗朗上口，悦耳动听，又揭示了品牌的产品特征，联想丰富、回味无穷。在美国Coca-Cola是两种主要原料的名称古柯叶（Coca）和可乐果（Cola）连缀在一起的结果。可是谁也不会想到它在中国又获得了一个既"可口"又"可乐"，这样一个极具亲和力的汉化名称。正是"可口可乐"这个极具中国文化的美妙的名称，预示着可口可乐公司在中国市场发展的无限前景，从此拉开了Coca-Cola公司在中国本土化的序幕。

　　肯德基、可口可乐在中国的成功发展得益于其品牌的本土化，这是外来品牌融入本土文化的典型。

　　外来品牌的影响力通过品牌文化的本土化，获得本土消费者认识和接受。反过来讲，国货品牌在文化上也不应该仅仅局限于自身文化，也要多吸收一些外来优秀文化，让品牌具有多元性，为进军更大的国际市场奠定基础。

　　例如，黑人牙膏初听给人的感觉是外国品牌，其实是地道的国货，它的巧妙之处是利用了中国人对黑人牙齿白的认知。还有一些以英文名命名的国内品牌，如美特斯邦威、马可波罗瓷砖等，借用的都是外来文化的力量。

▼ 案例 5-10

　　海尔是在第二次国货潮中涌现出来的非常具有代表性的国货品牌之一。经过30多年的发展，分公司遍布海外多个国家和地区，品牌国际影响力也日益增大。其在品牌文化本土化上做得非常好。

　　1999年4月30日，海尔在美国建立"海尔生产中心"，为了赢得美国零售商和消费者对品牌的好感。在电视广告宣传上积极借势NBA，与美国NBA历史上最杰出的球员迈克尔·乔丹的影片宣传放在一起，在美国黄金时段播出。NBA是美国文化的一部分，而迈克尔·乔丹是这种文化的灵魂人物，这种宣

第5章 融入文化：善于与文化结合，打造品牌文化

传攻势无疑是向人们展示海尔品牌的美国特质。

同时，2000年4月5日，在坎姆登市发生了一件对海尔在美国发展非常有意义的仪式，即诞生了一条以"海尔"命名的美国道路。这是美国唯一一条以中国企业名称命名的道路。海尔路的命名标志着海尔的品牌及产品已经得到当地人民和政府的肯定，而且这一事件将使"海尔"这一品牌对美国消费者在文化上的渗透产生巨大影响。

利用外来文化，本质是使品牌对当地的目标群体进行文化的本土化渗透，使产品品牌与当地的文化有机融合起来，从而达到让消费者从心理消除对"外来货"的排斥感。

外来文化虽然有很多优秀成分，但不能盲目吸收。对外来文化的利用是有条件的，在具体利用时要注意图5-7所示的三点。

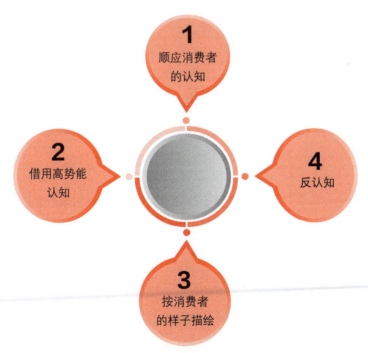

图5-7 利用外来文化的注意事项

（1）顺应消费者的认知

顺应认知就是顺着大多数人已有的、习惯性的、认可的方式。在很多品牌广告中都能看到这种方式的"身影"，顺着消费者已有的认可不断加强认知。

(2) 借用高势能认知

借用已经被塑造的"高势能"认知，更能做到营销的四两拨千斤的效果，这个方法很简单但是却效果极佳，一般来说有三种方式。

①蹭权威。蹭权威可以理解为权威背书。最常用的做法是，请专家以及专业权威评测、站台，请明星代言。比如，华为手机的徕卡摄像头认证就是一种蹭权威，以及曾迅速崛起的DW手表，也是蹭了明星的社交媒体的时尚权威（赠送表并让明星时尚达人拍照、发图、打广告）。

②傍大牌。傍大牌与权威背书不同，即直接借势外国知名品牌，包括品牌本身和消费场景。比如，在一些大购物中心旁边，经常能看到这样一个现象：某个大牌或知名品牌边上总有一个简约时尚的快闪店。这些品牌声誉往往比较好，但知名度较低，被大众的接受程度较低。在大品牌或知名品牌的渲染下，这种店生意往往很不错。

这就是傍"消费场景"。直接傍"品牌"的例子也不少，最典型的就是异业合作，不同领域的认知互相傍使认知叠加增强。

(3) 按消费者的样子描绘

消费者已有的认知毕竟有限，营销上更容易产生竞争，对于小企业和小老板，描绘这一招或许更实用。不仅可以用在广告上，还可以用在文案上、推销上。

(4) 反认知

前面三种方向只是辅助和增强，反认知是一种颠覆性的认知，以形成强烈的反差。最经典的是小米，小米刚开始做手机那年，智能手机价格还是很高的，在大众的认知里，无论是苹果还是三星等智能手机都是高消费品，小米手机"高性价比"颠覆了这个认知，获得了一大波消费者认可。雷军在创业纪录片里也说过，价格出来的那一刻全场的欢呼声震耳欲聋，他至今都记得。

从小米的例子中不难看出，反认知引爆有一个至关重要的点：颠覆出来的反向认知要是利于消费者的。

第6章 产品运营：深耕产品，打造品牌核心竞争力

导读 ▶ 中国联塑以人才驱动，以创新为核

中国联塑十分注重产品运营，积极加快深化战略布局，逐步扩大打造"物联网、智能控制和自动化生产"为一体的智能工厂。根据官方数据，中国联塑在研发层面拥有科研人员1000余名，拥有和正在申请的专利超过2200项，值得一提的是，"无铅管研发及应用"项目，更是早在2017年就率先实现了全系列PVC管材管件无铅化生产。

中国联塑的发展战略，无疑是卓有成效的。经由这样一系列创新技术研发的联塑管道，除了满足城市建设的基础需求外，更在港珠澳大桥、北京大兴国际机场、雄安新区地下综合管廊建设等国家战略工程中发挥着积极作用。

眼下，中国联塑在深耕管道主营业务的同时，更是持续开拓建材家居、环保、农业等业务，不仅拓宽产业价值空间，更是在为国人乃至为全球居者构筑轻松生活的解决方案。

中国联塑以人才驱动，以创新为核，从建材家居的方方面面打造"一体化建材家居解决方案"，堪称硬核国货品牌！

说起"中国制造"，曾几何时在很多人眼里就是"质量差"的代名词；而如今，不少国货品牌已经打出了名声，已经从"中国制造"向"中国智造"迈进。与"制造"相比，"智造"意味着能用更少的时间和精力，解决制造业生产中的诸多不确定性问题。国货品牌的实力，令人刮目相看。

从核心技术上来看，民族品牌逐渐掌握核心技术是其发展愈来愈强的重要原因，民族品牌在高端市场的整体份额占比也在不断提升。面向未来，国货还将持续加大研发投入与人才引入，坚定推进"致善式创新"，提升产品和服务，以科技为手段，实现每一个人对美、想象力、人性的追求。

6.1 利用迭代思维，对产品进行更新升级

迭代思维是互联网领域的一个重要概念，理解起来也相对容易。所谓迭代，就是快速地更新换代的意思，很多产品都在不断更新升级中完成蜕变，誉满全球，比如，苹果、小米等，产品获取粉丝"芳心"的一个主要手段就是迭代，不断创新，不断优化。

迭代，是完善、优化产品的一个主要手段，众所周知，做任何产品都有风险，但不能等风险完完全全显现出来，再进行纠正。而是明知道有风险，但只要看准了前面一步是可以走的，就可以走下去，用快速迭代、快速试错、快速修改的方法，然后小步快跑，不断前进。

做产品不是一开始就要把整条路想好。迭代思维，就是从小处着想，快速创新，这对任何一个产品都适用。

因此，面对需求不断更新的市场，国货企业最好的做法就是，积极以产品创新迭代、高端化、定制化品牌战略，在危中寻机，困中破局。

▼ 案例 6-1

鸭鸭是一个老牌国货品牌，提起鸭鸭很多年轻人不熟悉，但它有自己的一批老用户。因为它的巅峰期是在20世纪70~80年代，70年代出口加拿大，80年代末有过日销10万件的辉煌。

然而，随着羽绒服从保暖衣物逐渐向时尚单品转变，作为老牌羽绒服品牌鸭鸭没有跟得上市场的节奏，在很长一段时间消失在了大众视线中。

羽绒服市场需求的转变，就意味着品牌要一改"老气"面貌，对产品进行迭代升级，否则就很难吸纳更多新消费者。鸭鸭做的第一步就是改变品牌的刻板印象，在主流市场里找到自己的新领地。

比如，鸭鸭曾经的消费者年龄集中在35岁以上，占比达到90%以上。为了圈粉更多年轻人，就在"实穿性"与"设计感"上找平衡，以保暖为基础，时尚为亮点，打造IP联名、设计师联名以及明星同款。

以宝可梦的联名系列为例，在工艺袖章、印花和刺绣LOGO中体现IP元素，用新型芳香绒做填充，用扎染工艺和渐变印花做设计，还在衣身袖章内加入了NFC功能芯片，以趣味漫画的形式讲述了衣服的制作过程和细节。既保留了老消费者的回忆，也迎合了年轻人的兴趣。

综上所述，迭代思维在国货完善、创新过程中发挥着重要作用。迭代思维说起来很简单，就是快和重复，但如果要运用真正的迭代思维需要做的还远不止这些。快是迭代的必然要求，重复不过是迭代的表现形式，迭代的真正内涵是升华，是积累，是总结，是量变到质变再到量变的过程，每一次迭代都是站在新的起点上再开始的。

那么，国货品牌如何利用好迭代思维呢？需要把握好图6-1所示的3点。

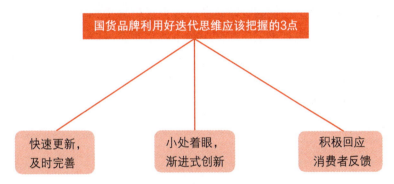

图6-1　国货品牌利用好迭代思维应该把握的3点

（1）快速更新，及时完善

有很多产品上市时尚是"半成品"，半成品不可怕，最主要的是更新要及时，给消费者以积极的期待。最可怕的是停滞不前，有的产品就是因为更新速度慢，消费者体验长期没有改进，导致消费者耗尽了耐心，不得不放弃。

其实，消费者是非常宽容的，他们发现一款产品不足后很多时候并不会直接放弃，而是会有所期待，希望一段时间后成为自己希望的那个样子。因此，对于企业来讲，就要充分利用好这段时间，加快更新步伐，快速优化，及时完善。尤其是上市初期，就像微信的前三个版本，更新速度是非常快的，平均三个月一次，每个版本下的二次更新更是快速，有的几天就一次。

（2）小处着眼，渐进式创新

对产品进行优化和完善，一定要从"小处"着手，而不是大幅整改，更不能改变整个产品的框架，改变产品的价值，颠覆消费者对产品的已有认知。

为什么要从小处着眼？就是为了不改变产品的本质，只有坚持最初的想法迭代才有意义，否则，连方向都搞错了那再怎么迭代，得到的结果也不会太好。因此，每次迭代前要考虑做这款产品的初衷是什么，主要功能是什么。在这个前提下再对次要功能和细节做创新。例如，开发某款APP，一定要搞清楚所开发的APP是否有价值，是否能开发出来；在确定价值性和可行性之后，迅速投入开发，并在最短的时间内上线第一版。

（3）积极回应消费者反馈

消费者的反馈信息是迭代的重点，没有消费者的反馈，迭代出来的结果可能一点价值也没有。因此，当产品存在不足时一定要紧跟消费者的反馈，了解消费者的需求点在哪里，然后针对这些需求点进行完善和优化。

例如，微信第一版推出之后收到了众多的消费者反馈，腾讯方面也积极对产品进行升级打造，有了第一版的经验之后，迅速推出了1.1版、1.2版、1.3版三个版本，不断增加功能。每一次产品推出之后腾讯都会着手下一版本的研发，有些功能甚至在前一版本就已经想出来了，但是为了消费者体验会推迟到下一版本中。

6.2 功能差异化，满足消费者个性需求

一个品牌，尤其是新品牌要想在同领域脱颖而出，必须与竞品进行差异化定位。根据消费者痛点需求，对市场进行细分，凸显差异化功能，为消费者提供特殊的利益与体验。

举个例子，传统化妆品的消费主力军是女性，但随着越来越多的男士也热衷于使用化妆品的需求出现，很多化妆品品牌开始推出男士化妆品，并根据功效对产品进行功能差异化定位，比如，有控油的、有清洁的、有防晒的、有补水保湿的，以及特殊护理等。

▼ **案例 6-2**

在国货品牌中，海尔一直扛着"让国潮不退潮"的大旗。2019年11月9日海尔智家定制平台在成都举办了一场别开生面的"妙手寻潮"活动。宽窄巷子中，海尔设置了包括云南馆、江苏馆、陕西馆与四川馆在内的4个体验馆。

除了各地风土人情的展示及体验，海尔国潮定制家电给人留下的印象尤为深刻。特色鲜明的峨眉山、麻将、熊猫元素跃然于全空间保鲜冰箱、纤合洗衣

机、净水洗热水器、悦享风空调全套国潮定制家电之上。

纤合系列洗衣机的超声波空气洗功能，让人想起传统的蓝印花布洗涤之后平整如初。净水洗系列热水器，双效抑垢技术带来的纯净清流让海棠汤重现，这是穿越时空的大唐"温泉洗凝脂"体验。

更值得一提的是，融合国潮的生态定制——与赋能品牌大白联名推出的"大白Powered by COSMOPlat颐和仙境系列"厨卫产品，其采撷"三山五园"皇家园林文化中具有美感的元素符号，将其与卫浴产品融为一体。

除满足用户崇尚新国潮外观的设计需求外，该系列下一代产品还将针对南北方地域水质差异、用户用水需求差别等个性化场景需求，通过水质传感器精准取数、定制化滤芯自定义购买、物联模块数据实时回传等技术为用户精准打造全新的个性化定制厨卫体验。

随着技术的发展，行业的垂直分工，越来越多的产品出现同质化。在这种背景下，寻求差异化成为国货需求发展，突破瓶颈的主要途径。产品要实现差异化，技术不可缺少，但最直接有效的方式还是分解产品自身的功能性卖点。当一个普通的产品，被附加了某项新功能后，附加值也会提高，也会在市场上脱颖而出。比如，电视不闪才是健康的，空调可以成为氧吧，牛奶也可以分为有抗生素和无抗生素的。

那么，如何设计产品的功能性卖点呢？这就要求企业在品牌策划和定位上要清晰，符合市场需求和消费者需求。品牌策划和定位可以从如图6-2所示的两个方面入手，一是产品分析，二是营销策略分析，接下来将围绕这两点进行详细阐述。

营销策略分析：
采用差异化的营销策略

产品分析：
围绕产品进行深度挖掘

图6-2　品牌策划和定位的两个方法

(1)产品分析:围绕产品进行深度挖掘

产品是市场的基础,无论是传统市场还是互联网线上市场,只有产品有特色,才能支撑巨大的市场空间。因此,运营一个产品首先需要围绕产品自身,根据功能、特色、形象、服务等特点,挖掘卖点。这样的例子很多,具体如表6-1所列。

表6-1 产品特色与卖点的关系

品牌名称	产品特色	产品卖点
白加黑	功能差异化	治疗感冒,白天、黑夜不同
顺丰	服务差异化	速度更快、安全、省心
唯品会	供应链差异化	强调特卖,标新立异

这里的卖点包括有形的,也包括有无形的。比如,质量、价格等看得见的,服务、文化功能体验的。还有,有形和无形相互融合的卖点。产品卖点向消费者提供的信息不仅仅停留在表面,还要传达企业、品牌、产品背后所承载的内涵。

比如,很多家电品牌特别喜欢营造概念,各种新奇的概念满天飞。空调有"除菌光""纳米""抗菌"等,电视有"上网通""变频""绿色"等。这些概念在某一时间段内,有一定的诉求力,但实则是捡了芝麻丢了西瓜。因为不同概念之间缺乏必然的联系,没有反映出共同的品牌识别,没有一致地传达出品牌的精髓和内涵,无法对消费者起到对品牌产生基本认知的作用。

(2)营销策略分析:采用差异化的营销策略

随着市场竞争日益激烈,不少产品面临着同质化危机。如批量化生产、傍"名牌"、盲目跟风等;同一类产品可出现多达几十种,甚至上百个品种。你开发红枣,我也开发红枣;我用小麦酿造,你也用小麦酿造;你用雪花瓶,我也用;你包装是红、绿、蓝,我稍加变化也用。这种现象加剧了同行业的竞争,破坏了市场风气,造成优质产品滞销,最重要的还是混淆视听,还影响了消费者的切身利益。

差异化的战略可体现在不同类品牌中,也可体现在同一类品牌中,同一平台又可称为产品的细分。以啤酒行业为例,同一个品牌可以根据瓶型、口味、酿造技术等进行个性化定位,甚至根据不同地区消费者的消费习惯专门设计瓶标、瓶型。

这种策略会使得品牌对消费者定位越来越清晰，更可以根据自身需求精准地选择产品。

很多国货产品面对的是小众市场，个性化消费需求非常强。因此，以往那种批量生产模式必须摒弃。相应地，量身定制成为一种趋势，越富有个性，越具有差异化，越可能受欢迎。因此，差异化成为国货品牌再造的一个重要策略，既可以避免同质化竞争，又可以获得独特优势，找到市场空白。

6.3 着眼于细分，挖掘看不见的市场潜力

细分市场，细分人群，细分需求……只有足够细分，才能打得足够准和深，才能提出自己的品牌主张，持续创造价值。

比如，美瞳这个小众单品，就受到了市场的青睐，自上线电商平台以来销售十分火爆。在天猫、京东等电商平台搜索美瞳产品，会发现品类众多，五花八门，而且价格差异很大。据公开数据显示，2019年美瞳在线下及电商渠道销售规模约100亿元，全行业年度增长率约25%。以MOODY为例，上线天猫旗舰店仅2个月月销量就突破100万。

2020年淘宝榜单也显示，2020年5月美瞳的直播引导成交额较1月增长392%。销售额、人群、年客单价逐年上涨，近三年复合增长率分别达31%、20.9%、8.4%，美瞳市场增长势头强劲。微博、小红书等社交媒体的推广，更是提高了美瞳的销量。

而且它的市场空间仍在增大，据《2020年中国美瞳隐形眼镜行业分析报告》分析，未来美瞳市场将保持每年7%的增长速度，到2025年我国美瞳行业市场规模将达到500亿元。有人预言，下一个"国货之光"或许就诞生在这个领域。美瞳这个小众产品，在国内最早由强生于2004年推出，十多年后终于迎来了新的发展契机。不少品牌也是看中了里面隐藏的市场潜力，才纷纷推出美瞳产品。

与此同时，美瞳又获得了资本的关注。国货美瞳品牌Moody于2021年2月24日宣布连续完成3.8亿元B轮、B+轮融资。此次两轮融资中，高瓴创投、经纬中国、中信产业基金等头部机构都参与其中。在Moody宣布融资的第二天，美瞳另一品牌4iNLOOK，宣布完成1亿B+轮融资，至此4iNLOOK总融资已经超过4亿元。

资本的频繁关注，终于让这个新兴小众赛道"火"起来了。美瞳市场增长强劲，国货美瞳品牌Moody、4iNLOOK、COFANCY等正努力抢占美瞳市场，这个新兴小众赛道，犹如一个富矿，不仅资本蠢蠢欲动，美妆品牌纷纷加入也试图分一杯羹。有美妆界国货之光的完美日记，便在这个时候将触手伸到了美瞳新兴小众赛道。

国货经过几十年的发展，可以说是遍及各个领域，产品面临着同质化的竞争。要想取得全面发展，一定要做细分市场，打造小众单品。

当然，这个"细分"要有成为壁垒的潜质，让竞品哪怕砸钱也追不上。只有用资本也买不来的，才能成为真正的壁垒。这首先需要的是一种克制，要足够笃定、能沉得住气。就像这几年的美妆品牌，都是在"细分"上入手。完美日记以眼影出圈，小奥汀以眼线笔出圈，colorkey以唇釉出圈，花西子以散粉出圈，即便在雅诗兰黛、兰蔻这样的国际大牌面前，也很有竞争优势。

那么，国货品牌应该如何做"细分"市场呢？有如图6-3所示的五个判断标准。

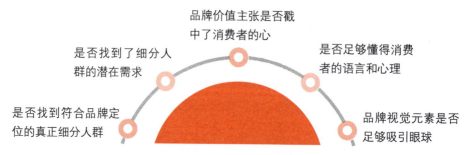

图6-3 国货品牌做"细分"市场的五个判断标准

（1）是否找到符合品牌定位的真正细分人群

做产品细分是否有效，关键在于是否找准了符合品牌定位的真正细分人群，真正对国货品牌感兴趣的人群。这类人群包括如表6-2所列的五类。

表6-2 对国货品牌感兴趣人群的类型

人群	特征
次元文化者	二次元、cosplay、模玩手办、洛丽塔、jk
颜值主义者	CHIC风、设计风格、白瘦幼
趣味养生者	健身、瑜伽、养生滋补、无糖、萌宠

续表

人群	特征
精致生活者	居家控、黑科技、收纳、智能家电
国风潮范者	国漫、汉服、中国风

（2）是否找到了细分人群的潜在需求

人的需求有显性需求和潜在需求，潜在需求就是未被充分满足的需求。产品细分就是最大限度满足未被充分满足的需求。

比如，很多人想送茶叶，但是自己不懂茶，一筹莫展之际，小罐茶出现了，主打"茶中奢侈品"、送礼专用：高端价格、日本设计师神原秀夫设计、8位制茶大师。同样是卸妆，逐本卸妆瞄准的是敏感肌人群，在清洁基础上叠加养肤。

同样是美瞳，Moody瞄准"国内品牌聚焦长抛期、国外品牌聚焦日抛"中存在的市场真空，针对的是国人小直径、更自然的美瞳需求。

（3）品牌价值主张是否戳中了消费者的心

每个品牌都有它的价值主张。比如，可口可乐卖的不是糖水，而是美国式快乐。宜家卖的不是家具，而是时髦和有品位的生活方式。星巴克卖的不是咖啡，而是第三生活空间。苹果卖的不是电子产品，而是卓尔不群的人一起改变世界。

同样的道理，国货的大白兔香水、故宫口红、钟薛高们，卖的仅仅只是产品吗？

（4）是否足够懂得消费者的语言和心理

对于一个根基不稳、资金不足的新创国货品牌来说，最突出的问题是：如何实现从0到1的冷启动，如何赢得成为爆款的第一波声量？

这时，可充分利用新媒体，短视频和直播等。创投圈里流行一个说法：打造一个新的品牌，传统市场营销可能要十年，电商可能要三年，而直播可能只要几个月。通过细分笃定和视频红利的浪潮，爆款可以实实在在地落地，真崛起而不是一阵风。

（5）品牌视觉元素是否足够吸引眼球

消费者首先是感性的，来自视听感官的力量往往直击人心，合理使用品牌的视觉元素就能达到这种效果。

品牌的视觉元素，是指通过合理使用、搭配各种品牌设计符号，来表达品牌想要传达的信息，比如，造型形态、色彩形态、材质形态等元素。

例如，同样是眼影，完美日记推出国家地理系列，以粉黛高原、赤彤丹霞等为主题，将山河美色融入眼影盘。girlcult推出了山海精怪系列彩妆，花西子复制中国雕琢技术推出雕花口红，传播"张敞画眉"文化。这样的包装设计、视觉元素来自传统中国的文化，这种"审美壁垒"是国际大牌无法简单跟进的，就像迪士尼拍《花木兰》怎么看都怪怪的。

6.4 注重设计，打造别致"视觉体验"

年轻一代消费者大部分都是视觉主导性的，他们不单看这种产品品质，还注重产品的"颜值"：外观要好看，设计要别致。因此，打造受欢迎的国货除了提高产品品质外，还需要注重产品外观和设计。比如，外包装的颜色、形状、时尚性、个性化等，目的就是增加设计因素对消费者的吸引力，让产品更加符合消费者的视觉享受。

过去，大多数消费者对产品的认知，很大程度上来自人们对它的触觉体验，其实视觉体验这种感知能力更大，只不过，当时很多品牌并不是特别注重这个层面。视觉和触觉的交融，让消费者在使用产品的过程当中，会产生丰富多彩的情感体验，让人们联想到另一个场景，将好的视觉体验运用到品牌当中，会使产品附上情感因素。

目前，做得好的国货品牌已经对产品"视觉体验"概念烂熟于胸，能够结合传统文化、自身特色，设计创意，让产品在消费者眼前一亮。

比如，如图6-4所示的这款饮料。

图6-4 某国货饮料独具一格的瓶身设计

在价格、口味大体相同的同品类中，一定会选择包装好看的。再比如，家家户户都会用到的调味品之一：酱油。

图6-5　同品牌，外包装不同的效果

如图6-5所示是同品牌的产品，但由于外包装的不同，视觉体验也不同。图6-5左一是大众化的统一包装，图6-5右四是个性化的小众包装，两者对眼球的吸引力立见高下。

视觉体验大大决定着消费者对产品的认可度，而包装是视觉体验中最直观的元素，因此，在产品的包装设计上需要十分重视，设计赋能品牌。

具体来讲，设计赋能品牌体现在如图6-6所示的三个方面。

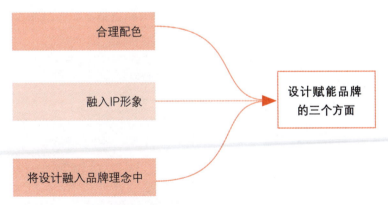

图6-6　设计赋能品牌的三个方面

（1）合理配色

在产品外观设计中，颜色是最基础的，不同的颜色带来的感受是不同的。

当一个产品呈现在大众眼前时，第一时间进入眼帘的是颜色。所以在产品的外观设计中，产品配色必须摆在首要位置。

在颜色的选择上是有规律的，具体如下。

①了解品牌自身。在给品牌配色时，要明确品牌的目的是什么，希望目标受众有什么样的感受。比如，可口可乐鲜艳的红色，表现活力、充满能量，反映出独特的商业方法。李宁也采用的是这种方法，用红色来表现活力、鼓励消费者大胆自信，令人难忘。

所以，配色要结合品牌所传递的文化、理念和内在价值观，这将有助于为品牌选择最令人印象深刻的颜色。

②了解色彩心理。颜色与心理是息息相关的，不同的颜色折射出相应的心理。比如，蓝色代表自由、信任、智慧和进步。有没有注意到许多科技品牌的标识是蓝色的？Facebook、IBM、英特尔和惠普，他们用这个保守的颜色来代表自由、信任、智慧和进步。

当然，在遵循色彩心理时也不必过于生搬硬套，否则就会陷入刻板。有时候要大胆创新，比如，亨氏公司的番茄酱一向是红色包装，但推出"Squirt Blastin"绿色番茄酱瓶后同样取得不错的反响，据悉前7个月的销售量超过1000万瓶，并创造了该品牌历史上最高的销售增长2300万美元的记录。

（2）融入IP形象

为了让外包装赋予产品更丰富的内容，只有颜色是不够的，融入IP形象必不可少。好的产品加上超热IP是一种资源的互通有无，强强联合。

九阳大胆地与国际卡通形象品牌LINE FRIENDS合作，他们在很多产品的外观上都融入了这个IP的形象。以粉丝最爱的布朗熊、可妮兔情侣形象为主题，配以唯美风卡面设计，采用透明、烫银的立体卡面工艺，展现亲和萌宠的卡面效果，让原本单调的厨具变得非常可爱，示例如图6-7所示。

图6-7　九阳与国际卡通形象品牌LINE FRIENDS的合作

尤其是面条机、烤箱、奶锅这些千篇一律的产品，九阳的做法确实捕获了不少消费者的芳心，拉近了与年轻粉丝的情感距离，激发购买热情。

（3）将设计融入品牌理念中

大多数国货品牌在设计这一块，从整体而言上做得并不好，过于注重外包装而忽略了内在的深层含义，换句话说，就是仅限于产品的外形、包装等较浅层面，没有真正把握住设计的核心。

外观的设计只能吸引一时，易被替代。长久留住消费者，一定还得有独到之处。一些成功的国货案例可供分析。设计要深入品牌理念中去，让设计成为产品特色。

▼ **案例 6-3**

德尔玛（Deerma）是一家集家电研发设计、生产和销售于一体的创新电器品牌企业，主营加湿器、吸尘器，而后进一步扩展到厨房电器、美容电器等。自2011年创立以来，销售额连续多年实现翻倍增长，深受消费者认可和喜爱。

德尔玛非常注重产品设计，凭借出色的研发设计实力，多次获得国内外设计大奖，包括设计界奥斯卡之称的"德国IF设计奖""AWE艾普兰优秀产品奖""韩国K-design设计奖""台湾金点奖"；阿里巴巴研究院基于电商平台大数据评选的"网货百强品牌"、中国家电行业协会评选的"家电网购受欢迎产品"等行业大奖。

▼ **案例 6-4**

另一个案例则是小米的白色LED台灯，两三百元的价位，在购物节中销量不错，同时收获了国际奖项。台灯的特别之处在于，垂直灯架与横板LED灯芯的转折连接处，刻意留出几厘米红线裸露在外。白里透红，裸露在外的一段曲线弧度优美，与两条直线相得益彰，外观别致。

但这不是纯粹为了好看，如果把这一小段红线埋进内部隐藏，每台灯售价可能增加约10元成本。如今干脆把线露出，反倒成为造型的点睛之笔。这就是设计为节省工业成本、改造流水线而做的"两全其美"。

"好设计等于好生意""设计赋能品牌",设计从来不仅仅指外观,更需要产品针对生产、需求、流程、场景等各个环节修炼"内功"。

6.5 管控价格,从另一个角度衡量价值

价格不只是低维度竞争的战术工具,也是产品价值的另一种战略衡量标准。优秀的品牌都能够充分发挥价格的战略性作用,让定价成为竞争的战略优势。

对于国货而言,低价是一种策略,是根据品牌所处的市场环境,针对性地运用适合的定价策略,结合消费者心理,直击消费者痛点需求,是价格战略的另一大要义。

▼ 案例 6-5

> 2020年,华为在中国智能手机销售量为1.233亿台,以38%的市场份额位居第一,自2018年以来,连续3年蝉联冠军(2018年销量约为1.051亿部。)
>
> 反观苹果手机,在中国的市场份额缩小,占国内智能手机市场10.1%的份额,低于华为、OPPO、vivo、小米等国产手机。与国内低迷的市场表现不同的是,苹果手机在全球市场势头依然不错,销量可观,尤其是在高端市场,依然没有对手。
>
> 2020年全球手机单品销量排行榜,iPhone 11排名第一,累计出货量高达6480万台。2020年发布的4款iPhone12系列有3款均登上了该榜单,分别排行第三、第七和第十。

综合以上数据可见,未来苹果最大的挑战依然在中国。这是因为iPhone的高定价对国内用户需求造成了极大的压制,导致2000~4000元的市场基本上拱手让给了国产手机。换句话说,苹果手机定价策略的失误给国产手机厂商制造了一波销量红利。2021年OPPO手机前三季度销售跃居第一,占到25.4%的市场份额,最显著的是2000元以下的市场占据38%份额,竞争最激烈的3000~4000元价位段也是取得了34.1%的市场份额。

对于价格这一点,国产手机明显有更清晰的认识,在智能手机发展到今天

的阶段，定价策略成了赛局制胜与扭转败局的关键一环。国货手机做得最正确的一件事，就是在价格上做到了更为保守，超出用户预期的产品表现，低于用户预期的售价。它不跟随苹果的涨价节奏，而是做到销量优先于利润的策略，这也是带动销量上涨颇为关键的一个因素。

对于国货而言，目前绝大部分仍是坚持低价策略。低价策略是所有销售中最有效的营销方式。然而，实施低价策略并不那么容易。

诚然，很多消费者喜欢便宜，同样的品质，价格定得越低就越受欢迎。其实并不是这样，从营销角度讲，高价更有利于消费。定一个较高的价格，可为后期"高开低走"提供更大的回旋余地，让消费者能享受更多的"优惠"。如果最开始就走低价，就很难再有回旋的余地了。

再者，如果消费者是因为"低价"才购买你的产品，那就说明他并不是你的"忠实消费者"。假如其他品牌打出了更低的价格，用户就很容易被抢走。

关于价格，在消费者心中有两个认知：第一，是价格本身，即价格高低，这种认同往往无法产生有效的购买行为，上面的现象便是这种认知的结果；第二，是价格与价值的关联，即产品是否值这个价格，这是价格与价值的差异。

低价本身只产生第一种认同，不产生第二种。而要让低价策略得以实施，必须让消费者产生第二种认同。但让消费者产生第二种认同是有前提的，那就是做足"消费体验"和"市场推广"，否则，要么被高价产品所取代，要么陷入无休止的价格战中。

品质与价格的组合，可以延伸出的四类不同品牌，如图6-8所示。

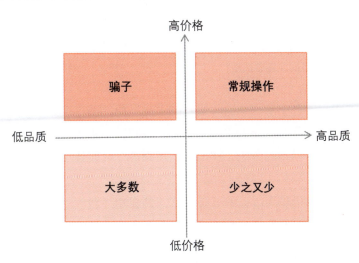

图6-8　品质与价格的组合延伸出的四类品牌

第一种是低品质卖低价,这种产品到处都是;第二种是高品质卖高价,这样的品牌最多,大多数品牌也是沿用这种思路;第三种是低品质卖高价,这种做法被认为是骗子做法,注定是无法做大的;第四种是高品质卖低价,这个就很少有人能做到。

低价策略就是特指高品质低价格,从这个角度看实施低价策略非常难,并不是简单地降低产品价格,而是先丰富体验,整合渠道,然后再以低价来赢得消费者的关注,从而达到促销的目的。

因此,想做到低价策略,要做到以下三点。

(1) 渠道优势

娃哈哈是饮品行业中知名度非常高的一个品牌,是为数不多的几个可以与国际品牌抗衡的国货品牌之一。娃哈哈能取得这么大的成功原因很简单,那就是它在中国的渠道资源,是其他任何品牌(包括可口可乐)都无法比拟的。

在渠道优势的前提下,娃哈哈可以低成本地抢占市场。采用的策略就是:一旦发现高端市场的某个产品表现不错,就立马模拟一个,然后迅速在低端市场铺货,抢占消费者市场,如图6-9和图6-10所示。

图6-9　娃哈哈的外包装策略1　　　　图6-10　娃哈哈的外包装策略2

与之类似的还有小米——当时所有的手机厂商,基本都在走线下的渠道,而小米是第一个所谓的"互联网手机"——抢先占领线上渠道。而其他的厂商,出于对经销商利益的考虑,就无法迅速跟进,从而让小米狠狠收割了一大批用户。

当然,以渠道优势为前提的低价策略,其成功一般也是暂时的——当其他相对高端(或聚焦)的饮料品牌实现渠道下沉之后,娃哈哈靠模仿发财的好日子也基本到头了;而当其他品牌的手机打通线上渠道之后,小米手机也不得不主动打广告,开线下店,并且向高端机进军。

（2）交易量大

以低价取胜的成功品牌都有一个规律：相比于同行竞品，它们的交易量都非常大。所谓"交易量大"总结起来有两点，分别为产品品类多、高频消费品多。

比如，小米产品线都非常丰富，很多都是高频消费品——消费者会经常购买。以上两点就基本保证了足够大的交易量，交易量大才能薄利多销。

（3）盈利模式

一家企业如果产品毛利率都非常低，甚至低到不赚钱的地步，还能健康运行，原因可能只有一个：即有了新的盈利模式，而不依赖卖货来盈利。小米不是单靠手机来赚钱，而是"生态链"中更多的其他产品，比如小米电视、小米盒子、小米旅行箱、小米净化器等，其实这些还不是小米真正的核心业务。

在小米的发展逻辑中，是资本优先，其次是技术、服务，最后才是产品。顺为资本、天使雷军、小米投资，资本的运用才是最重要的内生动力。是技术（云计算、大数据等）、服务（小米互娱、小米金融等），然后才是产品（手机、生态链）和渠道（小米之家、有品等）。

第7章 重构营销：用消费者喜欢的方式去宣传推广

导读 ┃ 蜜雪冰城颠覆传统的营销模式

蜜雪冰城是一家以新鲜冰淇淋-茶饮为主的连锁机构，由蜜雪冰城股份有限公司于1997年创立，总部位于郑州。二十多年来，本是一个小众奶茶品牌，一直不温不火，随着移动互联网、自媒体的兴起，它用颠覆式营销迅速走入大众视野。截至2021年，蜜雪冰城在全国已经有了2万多家门店，比2020年门店数量直接翻一番。

蜜雪冰城之所以能获得如此快的发展，与其颠覆传统的营销模式有关。比如，对社交平台的运用，与蜜雪冰城有关的相关微博话题多次霸占微博热搜，尤其是在B站发布的主题曲着实赚足了流量。

2021年蜜雪冰城发布了自己编的一首歌《你爱我，我爱你，蜜雪冰城甜蜜蜜》，还配有品牌吉祥物：雪王。

随后这首歌曲和吉祥物在各大社交平台上广泛推广，让受众看了直呼上头，难以忘怀。主题曲MV上传到了B站，魔性的旋律和简单的歌词让这首主题曲MV收获了超过2000万次的播放量，微博相关话题阅读量更是高达20亿次。

随后，B站鬼畜区的"UP主"们纷纷在主题曲的基础上进行二次创作，又给蜜雪冰城带来了一波流量。主题曲火爆出圈后，蜜雪冰城线下门店趁机扩大营销，展开"唱主题曲就可以免单"的活动，吸引不少网友去蜜雪冰城门店"打卡唱歌"。

一首魔性神曲不仅让大众记住了蜜雪冰城这个品牌，最主要的是市场实现扩展，从原来三四五线城市逐渐向一二线城市扩张。

不做新媒体，恐怕会被甩出十几条街，现在很多国货品牌，尤其是新品牌，对各个新媒体营销的特性认知就比较到位，各平台运营得井井有条，正是充分利用了这些社交平台，做起了新媒体营销，品牌知名度和美誉度得到进一步提升。

7.1 投放社交平台：利用社交吸引新消费人群

与产品本身带来的体验相比，在各种社交媒体上收获更多的点赞或许让消费者更为满足。因此，对于许多品牌来说，微博、朋友圈、抖音等社交平台已经成为新品推广的重要阵地。一款产品适不适合拍照分享到社交网络，成为新品研发的重要考量因素。

鉴于这样的特殊需求，国货品牌在营销上也要善于利用社交平台，发力微博、B站、小红书、抖音、快手等社交平台，在很短的时间内就获得了年轻人的关注，有的出圈速度甚至可以用一夜之间来形容。

许多国货品牌，尤其是美妆品牌的兴起就是靠社交平台。

▼ **案例 7-1**

> 2021年底，完美日记官方微博发布了年度营销"战报"，可谓"圆梦大满贯"，包揽了"38女王节""618""99""双11""双12"天猫全年大促彩妆所有冠军。这一切"战绩"都依赖于社交平台的造势。
>
> 完美日记发力社交平台并不是今年才开始的，早在2018年5月就与明星合作在小红书上发布种草帖。该明星推荐的一款唇釉引发一股抢购潮流，这也被誉为完美日记在社交平台上造势的第一步。
>
> 接下来头部主播接过接力棒，继续向下传播。2021年3月20日，李佳琦在小红书发布一款完美日记的"反重力唇釉"。通过全套试色，在一声又一声的"OMG""Amazing"中，最后推荐出四支"必买色"。紧接着，腰部KOL的种草帖也铺天盖地地出现在首页上。虽然有些KOL粉丝在几千名到几万名之间，影响力并不高，但她们的内容非常详细，极易引起好感。

完美日记"一夜出圈"，给新锐国货品牌们铺就了一条"造富"路径：始于单品，长于社交媒体。

线上购物已成为现代人的生活方式，为了促进消费，网上购物渠道也在不断多样化。以社交平台为代表的新渠道，凭借低成本、高复购率、消费者高忠诚度等优势，逐渐成为国货品牌营销的重要阵地。

那么，对于绝大部分国货，尤其是老字号，应该如何有效利用社交平台呢？如图7-1所示的4点不可少。

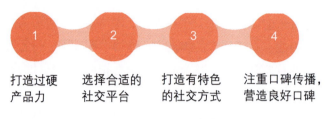

图7-1 国货品牌利用社交平台应做好的4个方面

（1）打造过硬产品力

在快手"信任电商"的生态中孕育出一批新锐国货品牌。美妆品牌朵拉朵尚便是其中之一，这是一个有着十多年经验的美妆品牌，自入局快手以来，销售成绩表现亮眼，连续多个月位列快手品牌月榜榜首。

朵拉朵尚在复购率上"一骑绝尘"。这是因为它一开始就不仅意在流量，更是志在"留量"，致力于通过产品留住消费者。朵拉朵尚的多款产品好评率高达90%及以上，且拥有众多忠诚的粉丝。这意味着，朵拉朵尚出品的产品收获了市场和消费者的高度认可。

于品牌而言，产品力就是最大的销售力，拥有高复购率的产品，无疑是品牌商开辟市场俘获消费者的最大利器。

（2）选择合适的社交平台

社交平台是基于网络，以社交为主的一种交流平台。它最大的优势是免费的流量和强大的社交关系，为此，逐渐成为企业和商家进行品牌传播和营销的工具。

随着互联网技术的不断成熟，社交平台呈现出百花齐放的发展状态，数量众多。有发帖型的，有图文型的，有视频型和直播型的。

▼ 案例7-2

小红书是一个生活方式平台和消费决策入口，主打"标记我的生活"。2018年成功从内容电商转型为年轻生活方式分享平台，一年时间，月活消费者同比增长258%，是成长极为迅速的社交平台。小红书的推广越来越受众多品牌的重视，其可帮助品牌将信息全面深刻地传播给他们的粉丝，影响消费者购买决策，创造消费者需求。

除了小红书外，短视频和直播也为品牌营销带来了巨大的时代机遇。目前，许多品牌在抖音、B站这些带有强社交属性，以年轻人为主的平台上搭建起自己的品牌专区。

（3）打造有特色的社交方式

确定了平台之后，接下来就是解决如何与消费者互动的问题。社交平台营销的核心是互动，与消费者互动的质量直接决定着营销效果。目前，品牌在与消费者的互动上，大多数都陷入了无效的恶性循环中，不但导致人力物力财力的浪费，还会弱化粉丝黏性，削弱品牌竞争力。

▼ 案例 7-3

"认养一头牛"是2015年新崛起的一个新锐国产乳业品牌，为消费者津津乐道的是其"参与感"很强。互联网时代，营销无疑是稳准快的出圈方式，它的"认养模式"很快让这一品牌走进大众眼帘。

"认养模式"打造了沉浸式购物，比如，推出"云认养"小游戏，打造"透明化"牧场。消费者可以通过直播看到奶牛场的情况，24小时观看牧场的现场直播。还可以直接到牧场进行认养奶牛、亲子游等活动。

甚至可以通过数字化、智能化的技术手段，真正享受看得见的饲养、了解产品生产的过程；通过收集消费者的反馈，以及与消费者共同设计产品，可以大大增加消费者对产品的信任，也能让企业在第一时间掌握最新的趋势，锁定核心消费者。

通过社交平台"认养"奶牛这种新颖的互动方式，既凸显出了产业链的透明度，也大大增加了粉丝黏性，成为营销端创新带给新兴乳业品牌的一个机遇。

（4）注重口碑传播，营造良好口碑

品牌，靠产品质量说话，大都是需要通过口碑赢得消费者，而社交平台大多都提倡基于信任分享好物，本质上也是一种口碑营销。从这个角度看，品牌

与社交平台在需求上可谓是高度契合。品牌通过社交平台社群裂变、朋友圈，实现流量转化，很大程度上降低了获客成本，同时又可以反复、灵活地触达用户，不断提高复购率。

在国货品牌的用户中，60%以上是95后Z世代群体。在互联网时代成长起来的他们，已经更多地用社交平台去获取关于产品和品牌的信息，并喜欢通过各种社交渠道传播信息，展示和传递自己的情感。

比如，在消费和商品选择方面，已经不再单纯通过某个特定平台选购，而是更倾向于朋友推荐、达人种草、主播带货。尤其在与家人朋友分享商品时，更容易受到分享影响，从而产生购物冲动，并且他们也活跃于种草，拥有很强的品牌传播能力。

7.2 上线淘宝天猫：抢占最大的线上流量池

淘宝、天猫作为国内主要的电商平台，被誉为国民电商平台，在促进、支撑国货的蓬勃发展上发挥着举足轻重的作用。尤其是淘宝直播成就了不少国货品牌，直接推动一大批品牌走进大众视野，令老国货品牌重换新颜，新品牌迅速成长为行业黑马。

究竟淘宝、天猫对国货的推动有多重要，看如图7-2所示的榜单便可知晓一二。

图7-2　2021年度淘宝十大品牌榜单

商务部发布的淘宝"2021年度十大商品"涵盖大众的日常衣食住行,"国货"成榜单关键词。而这份榜单就是根据在淘宝平台上这一年的销量、同比增速,以及网络平台的讨论热度等综合指标,由消费者投票,媒体、专家评审多轮评议,最终选出的最具代表性的国民商品。

在老国货品牌中,以波司登、鸭鸭、雪中飞等传统羽绒服品牌为例,2021年度他们在天猫销售占比都超过五成。

▼ 案例7-4

> 鸭鸭是深耕羽绒服领域多年的老品牌,20世纪80年代末有过日销10万件的巅峰时刻,当时售价139元一件的羽绒服,是奢侈品无疑,2000年后,受国际品牌冲击比较厉害,逐渐消失在大众视线中。后经过对产品的重新定位、更新,吸引了一大批年轻消费者。
>
> 鸭鸭在重新崛起的过程中,除了对产品策略进行调整外,还完善了供应链。完善的供应链给鸭鸭前端更大的发挥空间,而天猫平台则把其供应链能力更好地激发出来。"测款"是鸭鸭天猫旗舰店的大招之一,店铺基本天天上新,而所有交易产生的数据又将成为下一次增长的依据。

在国货中,借势淘宝、天猫迅速走红的品牌有很多,可以说,淘宝和天猫已经成为国货抢占线上市场不可缺少的平台之一。所以,想要做好国货营销上线淘宝、天猫非常重要。然而,淘宝、天猫的营销方式有很多,选择合适的形式也是非常重要的。那么,对于淘宝、天猫营销而言,又有哪些形式呢?具体来讲有如图7-3所示的4种。

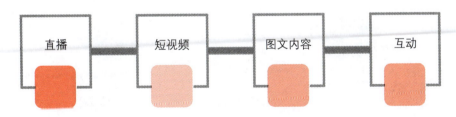

图7-3 淘宝、天猫营销的4种主要营销方式

(1)直播

直播是淘宝上非常重要的一种营销方式,是指达人、卖家、客服等通过直

播的形式向消费者展示、推销产品，如图7-4所示。

在营销效果上，直播较之传统营销方式更好。它就像一位专业的"导购"，能够及时消除消费者对产品存在的疑问，提升用户黏性，也有利于商家丰富引流方式，帮助商家积累更多用户，促进用户增量和转化。

（2）短视频

短视频是淘宝营销的另一个重要形式，优质的短视频能够快速获得抓取，提高展示的机会，并且也能够让消费者更加形象生动地去了解产品，进行商品的场景化营销，提升用户的代入感，用户的消费欲望也会得到提高。

淘宝短视频产品展示如图7-5所示。

（3）图文内容

图文即图片和文字，两者相结合的方式是淘宝最传统、运用最多的一种形式。能够简单直观地展现出产品的各个方面，如图7-6所示，能够更好地帮助买家了解产品，进而产生购买的欲望。需要注意的是，图片必须做得有创意，保持整洁干净。

图7-4 国货淘宝直播示例

图7-5 淘宝短视频产品展示示例

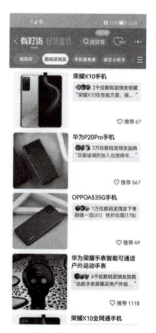

图7-6 图文展现产品细节的示例

（4）互动

淘宝、天猫越来越重视商家与消费者的互动，这里的互动有两个主要环节。一个是评论，一个是"问大家"，"问大家"环节如图7-7所示。这两个环节的互动一方面促使商家对于用户的疑问进行快速解答，以对其他用户产生刺激；另一方面能够让商家更加清楚地了解产品所存在的问题，方便对产品进行优化，提升好评等。

图7-7 淘宝上的"问大家"互动版块

7.3 开通移动端店铺：打通线上营销最后一环

随着智能手机、移动互联网的发展，人们的购物方式逐渐发生了改变。以往大多数时候是在PC端，现在则逐步转移到手机端。现在手机购物很方便，只要手机安装了APP，或者使用微信小程序，就能轻松买到各种各样的商品。

基于此，很多国货企业就针对手机端，构建移动端店铺，做起了微电商，从热衷于公域流量向打造私域流量转变。

（1）微信小店

微信小商店是腾讯官方在小程序购物组件基础上提供的一种更为便捷的开店方式。可以快速开店，帮助商家免开发、零成本、一键生成卖货小程序。

微信小商店进一步降低进入小程序生态经营和卖货的门槛，让所有中小微商家、个体创业者可以快速拥有一个小程序店铺，在微信内实现电商业务的自主运营。

微信小店是2014年推出的，缺陷是仅仅为服务号（商家）服务。商家或企业只要在微信服务号后台，添加插件入口就可以看到微信小店，申请服务号，进行认证并开通微信支付，便可以拥有微信小店了。

对于卖家而言，微信小店是很不错的方式，有些餐饮店，直接用微信小店实现点餐、进行会员管理等。不过，微信小店本身的功能不多，很多功能还是需要开发才能拥有，对于小商户来说，没有开发能力，开发成本又太高，于是也只能勉强用着最基本的功能。不过，在2020年的7月份，微信小店就全面下线了，微信小店也就成了过去式。

微信小商店被誉为是微信小店的升级版，抓住卖家的需求，直播带货追赶当下的风口，0元入驻，快速开店，直播带货。同时，支持将小程序分享到朋友圈，这些操作可谓是环环相扣，将微信小商店打造成了一个商业闭环，使得所有流量与资金全部在微信的生态中运转，更堪称是步步为营。

（2）京东微店

京东微店是一个借助微信服务号、手机QQ等移动端与用户一对一沟通，为用户提供更便捷、更多场景的购物选择，同时也为用户提供正品保证、闪电发货、七天无理由退换等优质移动购物体验的平台。

京东微店与PC京东商城完全打通，为京东商城第三方卖家全面开放。京东商城的商家可以零门槛、零成本拥有一个移动手机网店铺并经营粉丝。

京东微店最大的优点是，微店里的产品在京东商城都有销售，等于多了京东商城这个销售渠道。开通京东微店的商家即使不开通微信支付，也能通过京东支付轻松交易。其次，在手机QQ、微信APP消费者端点击"购物"或点击链接广告，可以直接进入京东微店界面，这也是京东微店独有的特色，使用京东的渠道在微信、手机QQ做推广，让广告信息第一时间被手机用户看到。最后，用户享受的服务与京东商城完全一致，让用户没有距离感。这种模式帮商家提高了服务质量。

想要入驻京东微店是有一定要求的，商家入驻前须先开通微信公众号，运营主体为组织，类型为企业微信服务号。京东微店有三种类型，具体如表7-1所列。

表7-1　京东微店的三种类型

类型	运营策略
旗舰店	商家以自有品牌（商标为R或TM状态）入驻京东微店开设的店铺。入驻须经营一个自有品牌商品的品牌旗舰店；经营多个自有品牌且各品牌归属同一实际控制人的品牌旗舰店；由服务类商标所有者开设的卖场型旗舰店（仅限特邀入驻商户）

续表

类型	运营策略
专卖店	指同一京东经营大类下经营两个及以上品牌的店铺。商家持品牌授权文件在京东微店开设的店铺。入驻须经营一个授权销售品牌商品的专卖店；经营多个授权销售品牌的商品且各品牌归同一实际控制人的专卖店
专营店	指以商标权人提供普通授权的品牌入驻京东开设的店铺。入驻须经营两个及以上他人品牌商品的专营店；同时经营他人品牌商品和自有品牌商品的专营店；经营两个及以上自有品牌商品的专营店

（3）拍拍微店

拍拍网是腾讯旗下的电商平台，2014年3月腾讯入股京东，并将B2C平台QQ网购、C2C平台拍拍网以及易迅网的部分股权卖给了京东。而后拍拍网成为京东集团旗下的子公司，同年10月，拍拍微店正式对外开放，无论企业还是个人都可以将店铺开在拍拍微店上。

拍拍微店商家提供统一的微信支付功能。用户在拍拍微店购买产品后，将货款统一支付到拍拍账户。用户收货并确认后，再由拍拍支付转到商家账户中。拍拍微店注册也非常简单，只要下载拍拍微店，登录QQ号，就能上传产品图片开店。

为有利于商家宣传，拍拍微店使用了拓展性极强的HTML5。不仅活动更容易策划，还能在每个店铺里面做100个HTML5活动页。每个活动页面相当于一个旗舰店，可以独立分发，操作起来也简单易学。

拍拍微店几乎无须注册，只要有一个QQ号，下载后使用QQ号登录就算开店成功。在入驻要求上，免平台服务费、免销售扣点、免支付手续费。拍拍微店的特色如表7-2所列。

表7-2 拍拍微店的特色

特色	特色介绍
人人可以开店	不管是个人还是品牌商，只要下载拍拍微店APP后，一键式开微店。无须任何条件要求。如果是品牌商，想让自己的店铺高大上，可以选择PC端+移动消费者端同步的方式开店。这种方法的好处是，让店铺装修得更好看，同时还会在拍拍网显示店面
多种支付选择	为了让更多用户在拍拍微店内交易，平台提供了跨账户微信、财付通和货到付款多种支付选择。目前拍拍微店有40%的订单来自微信应用，20%的订单来自手机QQ，另外40%则来自QQ空间、微博、论坛等

续表

特色	特色介绍
与PC端互通流量	拍拍微店的推广信息将在PC端通过二维码引导、首页专题推荐、开门办学微店优惠价等多重措施为拍拍微店导流，形成PC端的流量互通

移动端店铺发展历史很短，是伴随着"移动互联网"的产生而产生的，最早萌芽于微博，后又借助社交平台逐步发展起来。严格地讲，微商是从微信开始的，微博时代的微商数量少、规模小，影响力可以忽略不计，直到微信被广泛运用才有了跨越式发展。认真梳理一下的话，微商的发展大概经历了三个阶段。

（1）阶段一：靠自媒体自发性的营销

起初，微商大多是运用微博的传播性、社交性、裂变性的特性来做推广和营销的。这仅仅是对自媒体工具本身的运用，并没有涉及企业过多的投入、特别的策划和推广的技巧等。

例如：在微博内打广告；通过添加QQ好友来扩大宣传等。

（2）阶段二：靠明星产品的带动营销

当微商借助自媒体营销一段时间后，意识到想要做强做大，只靠自媒体是不够的。还需要有"明星"，如，在业界较有影响力的明星企业、明星产品。如果没有这些"明星"的带动，就没有粉丝，也就没有了内核。也就是说，只有把平台打造成明星平台才能拥有自己的流量，才能成为这一领域的佼佼者。

例如这时期的"鬼脚七"——阿里巴巴曾经的技术总监，利用阿里巴巴这个明星企业吸引了大量粉丝，成了名副其实的营销专家。

（3）阶段三：靠粉丝的病毒式传播营销

一个产品，无论自身质量有多过硬，没有众多消费者的支撑就无法在市场中走远。尤其是在这个社会化、大众化的时代，用户、消费者、粉丝决定着一个产品的生命周期。因此，当你成为一个明星之后，就要依靠粉丝的力量不断增大品牌影响力，实现一传十、十传百的"病毒式营销"。

7.4 开通抖音电商：打造更全更新的消费体验

抖音到底有多火已不必赘述，抖音直播、短视频在国货营销中的作用已经

第7章 重构营销：用消费者喜欢的方式去宣传推广

不可忽视。抖音作为一个娱乐平台，以兴趣和关注驱动为核心，丰富社交曝光场景，触发用户点赞、关注等互动行为，占领用户心智，扩大品牌声量。

抖音电商是基于短视频和直播等功能，致力于为用户发现并获得优价好物的平台。众多抖音创作者通过短视频和直播，为用户提供更加个性化、更生动、更高效的消费体验。

▼ 案例 7-5

> 半亩花田是一个本土花草植物护肤品牌，创立于2010年4月。借助抖音平台，实现了品牌的大范围推广。其抖音账号做得非常有特色，不只是做产品推广，而是主打情感类故事，通过各种爱情、友情、亲情的剧本连载，制造悬念，来吸引消费者的好奇心，进而关注下一段情节的发展。
>
> 情感类的故事话题容易引起粉丝共鸣，让用户即便没有用过这个品牌的产品，也容易对该品牌产生一定的好感。

抖音对于大多数品牌来说是个不错的营销平台，由于比较重视内容，因此更有聚合性。对于品牌而言，只要找到内容与品牌的契合点，达到软性传播品牌，就很容易从中获益。

以《2021抖音电商国货发展年度报告》为例，如图7-8所示，2021年1~12月抖音电商平台上新锐品牌销量同比提升933%，新锐品牌不断开展创新，高颜值、高性价比成为关键卖点。而"抖品牌"项目发展到现在，已经助力100余个品牌销量实现爆发。

图7-8　《2021抖音电商国货发展年度报告》截图

以入驻抖音电商的国货品牌花西子为例，销量同比增长2440%，成为国货美妆品牌中的代表之一。其推出来的"傣族印象"系列，强化了粉丝对于其国民品牌的印象,吸引无数粉丝前来打卡。

这也给了其他国货品牌很多思路,通过短视频和实时互动的直播讲解,无论是经典国货还是新晋国货品牌都在抖音电商实现了高质量的销售增长,也让消费者有了更全更新的消费体验。

抖音电商为国货品牌提供了更多可能,让品牌快速洞悉消费需求的同时更快被看见。积极引入优质合作伙伴,大力扶持国货力度,为品牌变现提供多元的选择,致力于国货的崛起和发展。

抖音电商对国货品牌的扶持体现在如图7-9所示的三个方面。

图7-9 抖音电商对国货品牌的扶持

(1) 扩大品牌认知度

抖音电商帮助重新强化国货品牌在消费者圈层中的认知,以国潮文化为纽带将品牌—国潮货品—消费者紧密连接在一起,并将其与传统文化相融合,打造属于新世代消费者的国货潮流文化。让更多具有地域文化特色的品牌走向世界,拉动品牌背后的地域经济产业链集群的形成与升级。

在抖音电商,曾大热的"三星堆彩妆""故宫口红""考古盲盒"等文创产品,也唤起了大家对传统文化的热情,并自发在社交圈进行传播。可见,兴趣电商时代,抖音电商通过打通消费场景、内容场景之间的边界,已经成为品牌与消费者沟通的重要渠道。

(2) 实现与用户的直接对话

品牌与用户进行直接对话,成为当下品牌最迫切的事,而抖音电商恰好是这样的一个平台。通过抖音，品牌可以实现与用户的直接对话，用户开始拥有更多的话语权，品牌不再是高高在上，保持学习态度和创新精神是他们需要不断深耕的方向。

例如，百雀羚在抖音直播间，向大众展示过自己的工厂和研发实验室，讲解过程中实时与观众互动，一边是研发人员从产品生产研发的链路、功效成分的作用原理等方面向观众介绍了百雀羚在科研上的推进和相关成果；一边通过专业的仪器向观众解释和传递科学护肤知识，回答消费者关于护肤的问题，给出他们的建议。

面对面的沟通，加深了用户对于品牌的印象和信任，反之直播时的数据和评论反馈也能及时让他们对品牌方向进行调整，设计出更贴合用户需求的产品。

（3）实现产销对接、品销合一

越来越多的国货品牌在抖音实现了产销对接，不同于以往好酒不怕晚，现在再好的酒也得走出巷子。由于缺乏互联网平台的支持，很多老字号国货品牌都是以地域性为主，如今，在抖音电商的帮助下突破原有的"地域限制"，实现品销合一。

这是因为，抖音是以兴趣为出发点，以文化内容原生力为中心。在两者的协助下，品牌可通过优质的内容和多元化的故事吸引消费者。再加上，抖音达人的出现，使得海量优质商品，能通过更好的内容形态被展示，商家可以更好地触达用户，用场景和内容激活用户的消费需求，让用户拥有更好的消费体验。

2021年，抖音已经有6亿多日活用户，而且以年轻群体居多，这为国货承载提供了充足的空间。再加上，抖音近几年不断完善电商基础设施，搭建内容与电商生态，不仅是传统文化的发扬者，更是新消费品牌的重要孵化场。

7.5 入驻高端精品商超：打通线上线下消费场景

随着线上购物的普及，消费者的购物方式基本上已经趋向线上平台。再加上疫情对品牌、商超平台及服务产业链的影响，疫情期间养成的线上购物习惯对消费者的影响十分深远。

但如果从营销渠道建设的角度看，尽管新兴渠道对于零售方式有着很大的影响，但传统渠道仍然不可少，其在某种程度上仍然占据着不可撼动的地位。这也是为什么一些线上平台加快线下布局的原因。比如，自2016年起阿里巴巴提出新零售的战略，加快线上线下的融合；京东、美团等线上资本涌入线下，打造线下体验店。可以预见的是，线上线下进一步融合会成为未来新零售发展的主流。

国货品牌要想真正崛起，不能一味重视线上，也要同步发展线下。线上引流，线下体验，打造一个贯通线上线下的完美闭环。

▼ **案例 7-6**

> Airmeter空刻意面是2019年创立的一个新锐消费品品牌，引用意大利面所需食材及配料，将意大利面方便化、普世化。并打造特色的一人份小彩盒，本着"在家轻松做餐厅级意面"的初心，为消费者提供轻松简单的品质西餐体验，将地道意大利面轻松搬进千万家庭场景中。
>
> 2020年Airmeter空刻意面正式入驻线下商超，比如，OLE、APITA、盒马、久光等大型商超，并与其达成战略伙伴关系，开启线下零售模式。
>
> 空刻意面入驻大型商超不仅代表着已经打通产品线上线下的销售场景，同时也预示着从产业链到产品质量都高于严苛的商超准入门槛。这是因为鉴于疫情防控的特殊需要，饮食健康安全成为大众的关注点，大型高端商超采购部门也设置了更高规格的食品类产品准入门槛。尤其是OLE、久光等高端精品超市，对于品牌方的产品质量十分重视，要求在商品进驻超市之前要通过第三方检验机构对产品的供应链、生产过程、产品包装等100余个项目进行检查。
>
> Airmeter空刻秉承着产品至上的原则，将重心放在产品的品质上，采取高压杀菌等技术让酱料保持新鲜，不添加防腐剂和人工色素；生产工厂达到ISO9001、HACCP等安全认证，作为国货之光的空刻意面拥有超高的品质保证，与空刻一起携手开启意面新时代，感受舌尖上的味觉新体验。

在品牌宁愿花大量人力物力财力，也要抢占一席线上渠道的今天，线下渠道似乎"没用了"。其实不然，任何事情都得分两个方面来看，有劣势就有优势。线下渠道最大的优势就是体验性好，可触性、可感性强。此外，消费者还可以将一系列的产品放在一起对比参照，以便更好做出购买决策，这也是线下零售存在的意义。

对于一个品牌而言，只要做好体验，能充分迎合消费者的体验需求，还是更容易吸引消费者的。根据消费者调查数据显示，78%的消费者有在实体店内消费的意愿，对于体验性较强的产品，在实体店购物次数是线上购物次数的6倍。从这个数据可以看出，很多产品的销售行为必然会发生在实体店。比如，食品类产品，在电商销售中缺乏体验性、可触性、可感性等，加强线下零售也成为各大食品品牌的选择。

7.6 招商加盟做连锁：稳定客源节省成本

连锁是一个行业发展到一定阶段的必然产物，尽管在中国仅几十年发展历史，但其在很多领域已经展现出了独特魅力，在企业经营、品牌知名度、美誉度打造等方面发挥的作用已经不容置疑。从营销的角度看，连锁也是市场拓展一个非常重要和有效的方式。

纵观做得好的国际名牌，大部分都在做连锁，而且都经历了从单店到多店，再到连锁的发展历程，如图7-10所示。这样的发展逻辑，恰恰是一个思维颠覆和蜕变的过程。每个连锁品牌也都经历着从个人思维，到团队思维，再到平台思维的过程。

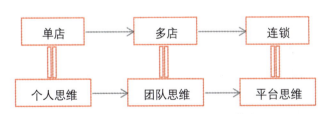

图7-10 品牌从单店到连锁的发展逻辑

现在，很多国货品牌也有这种思维，完成了从单店到连锁的过渡，从个人思维到平台思维的转变。下面以井格重庆火锅为例进行阐述。

▼ 案例 7-7

井格重庆火锅创立于2006年，是国内一个知名度非常高的火锅品牌，曾获得"中国十大火锅品牌""中国十佳火锅品牌"等殊荣。门店遍布北京、上海、天津、杭州、南京等多座城市。同时，公司的管理体系也非常完善，创建了餐饮管理公司、培训中心、中央厨房、配送等一体化生态产业链。

早期的井格与大多数餐饮企业一样，是家族经营，而且极其不规范，每个人都身兼数职。因为生意不好，专注力不够，前6年都是单店模式。

2013年开始进入多店经营模式，最先在北京开立8家分店。店的数量增加了，收益也增加了，但由于管理跟不上，反而陷入了经营乏力的窘境。据悉，时年北京的8家店生意非常好，但因为担心员工动手脚，所有店都统一于直营店管理，几个人管理8家门店已到极限。比如收款这件事，一家店每天营业四五万，全部下来现金几十万，就仅凭老板自己每天晚上开车收账。

经历了痛并快乐着的2013年后，2014年井格有了翻天覆地的变化。不但老板自己学会了信任他人，请来财务对账，财务管理放手给每家店的店长。更重要的是，开始有了品牌意识和平台意识，规划出了完善的组织结构，成立了9大部门，开始做开放性盟主。直营店将主要精力转移到后端的培训、供应链、品牌价值等上面，创新地制订出标准方案库；经营放权给门店，各个门店可以根据方案库自主解决经营中遇到的问题。同时，门店也要使用方案库解决问题、给出反馈，再到总部收集反馈进行方案库的迭代升级，形成一个完整的闭环。

与此同时，井格采用连锁复制模式，不断地扩展市场，开设加盟店。由于选择最简单，要求标准最低的复制模式，井格在全国范围内发展很快。

靠开设分店的经营性利润来生存，只能算多店形式，判断为连锁一定是具有多种盈利模式，且一定是具有平台思维，能够把更多的盈利模式让利给大家。再以井格为例。

井格选择将门店的盈利模式跟大家共享，最初的井格也像其他企业一样，对加盟态度谨慎，一度保持直营状态。但是在摸索的过程中发现，将家乡美食传承出去，实现百年千店目标，光凭一己之力很难实现。基于这些原因，自从2016年起才开始了开放式的合作，扩张门店。不仅仅是形式的开放，更重要的是思维开放。经营者自身的开放性决定了企业的经营模式，也决定了品牌扩张速度。

能不能改变格局,先问自己:到底想不想开店?想不想扩张?如果想,就一定要打破格局的问题,用开放性思维拥抱多渠道发展。要知道,这件事唯有自己的思想主动做出改变,企业格局才会发生改变。真正做成连锁品牌,需要的不仅仅是数量,结构的体现,更多的是企业思维的颠覆和管理理念的蜕变。

国货品牌在做连锁过程中,要注意如图7-11所示的四个事项。

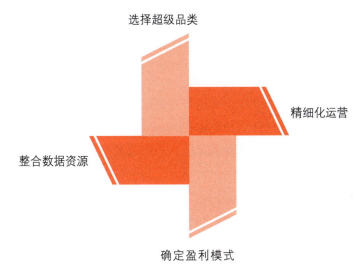

图7-11 国货品牌在做连锁时注意事项

(1)选择超级品类

加盟连锁企业往往都要考虑全国的发展,因此,他们在选择品类上的思考往往都会比直营店更有深度,比如,选择口味更广,大众认知度更高的一些大品类。

这些品类往往被称为"超级品类"。比如川渝火锅、各地名小吃,而每一个超级品类其实就是一座金矿,甚至是钻石矿。

(2)精细化运营

为什么很多品牌方做连锁,往往仅仅赚到了加盟费,或者是少量的供应链的费用,原因就在于自身的经营比较粗放,而过度依赖加盟商的主动获客能力和运营能力,这极大地低估了品牌巨大的长远价值。

加盟商的获客能力和运营能力往往很有限,尤其是一些比较小型的,他们的门店面积较小，运营者往往也都是实力比较弱，专业能力比较低，管理能力也跟不上，并没有很好的获客能力。在这种情况下，更依赖品牌方的品牌势能和运营管理。

比如，很多人曾经一窝蜂地去做重庆小面。但真正代表重庆小面的加盟连锁企业，也就是说在消费者心智当中牢牢占据的，其实并不是那些有着上千家门店的松散型的加盟品牌，而是直营店。品牌方做不到位，加盟连锁职能形同虚设。造成的后果就是大而不强，连而不锁。直营店也会陷入每一年都要为"今年会倒闭多少加盟店，明年还能不能招到足够的加盟店"而打鼓的恶性循环中。

（3）确定盈利模式

加盟连锁的本质是复制性，而这个复制性主要复制的是单店的盈利模式。而经营模式就来源于直营店的盈利模式。

比如，火遍大江南北的张亮麻辣烫，之所以都能开到数千家门店，并且保有很强的存活率，品牌有很强的扩张动力。其中有一个不可忽略的重要因素，就是他们单店的盈利模式都非常好。

从按碗卖到论斤称，从一锅炖到小份煮，大幅提升消费者体验的同时，也有效地增加了客单价，让每一个门店的盈利能力都得到了增强。

包括前面例子中提到的井格重庆火锅，也有一套完善的标准模式，从运营到产品，从前厅运营到后厨，都有标准化流程，然后复制到各个分店，让所有店铺流程变得有规可循，保证菜品、口味、服务的一致。

如果加盟连锁企业自己直营店的获客能力都不强，或是直营店的营业额是由极低的价格和极高的推广成本所带来的虚假繁荣，又或是因为直营店本身的租金极高，才可以获取大量的客流量。那么这种投入、这种偶然性，并不可以在所有的加盟门店复制。

（4）整合数据资源

加盟连锁的特点就是门店的分散性，每一家门店的用户量虽然有限，但是汇聚在几百甚至是几千家门店后，就是一个惊人的数据。

用户数据是资产，而这些用户数据在单个门店是很难被发掘分析加工利用的。这就需要品牌方有整合数据资源，并进行分析加工利用的能力。

比如美团，拥有的唯一资源就是用户资源，拥有数亿的用户大数据。美团把这些数据重新地分发加工，就成为它的利润来源。同样是加盟连锁品牌，为什么绝味能够市值500多亿？这与创始人很早就重视数据资产有关系。而现实中，很多国货品牌，尤其是加盟连锁品牌，明明拥有海量的数据却白白浪费。这就是为什么说加盟连锁企业能够赚到钱但却不值钱的主要原因。

总之，通过加盟做连锁的方式来扩大品牌影响力，并不是一件容易的事。曾有人说，门店多了就是品牌。很显然，这个观点并不成立，有门店数量，无品牌形象，更无品牌势能，也是不行的。门店数量并不代表品牌势能。曾经台湾手抓饼有1万多个门店档口，但并没有形成真正的品牌力。

7.7 跨界联名营销：勇于创新，资源共享

经常关注国货的消费者，可能会注意到这样一种现象：原本天差地别的品牌实现了完美跨界。比如，红旗轿车"玩"出香水，老干妈联合国外品牌推出卫衣，六神与RIO联合发布"花露水鸡尾酒"。

其实，这是国货品牌的一种营销创新：跨界联名。不仅提升品牌的活跃度，品牌间还能相互借势，促进流量转化。有时候看似毫无关联的两个领域的品牌，却能达成意想不到的合作，结果也是出人意料的好。

▼ **案例 7-8**

2021年9月，一款名为"人间喜乐"的月饼礼盒走入大众的眼帘，这是由元气森林与天津老字号传统糕点祥禾饽饽铺联合推出的联名款。

月饼皮上分别印有"元""气""森""林"四个大字和品牌特有的小女孩图案。此外，还包括一台迷你"复古相机"、一卷相纸和一张元气森林贴画。

很多消费者看到别致的礼盒，就激起了购买兴趣，打开一看后更是忍不住感慨："买得值！"据悉，很多消费者都对这款产品给予了好评。

跨界联名是一种借势，借势已成为国货打造品牌的必修课。要顺应时代发展，就必须打开思路，尤其是随着新型国货品牌大量涌入市场，为迎合特定消费者的需求，必须寻求跨界联合，通过跨界IP对接经典传统文化、影视、动漫，或经典品牌。

很多人也许还对大白兔奶糖有印象，当糖果连同那层半透明的糯米纸放进嘴里，浓郁的奶香瞬间席卷味蕾。2018年，大白兔奶糖再次以崭新形象闯入大家的视野，联合同为中华老字号的美加净推出联名款——美加净牌大白兔奶糖味润唇膏。

据介绍，这款润唇膏的主要成分为乳木果油、橄榄油、甜杏仁油等食品级植物精华，融入牛奶精华，经过调香，在滋润双唇的同时保持大白兔奶糖的经典味道。再加上经典的配色，可爱的包装，满满的回忆感。

国货间的联名款层出不穷，一点点刷新着大众对于国货品牌的认知。然而，跨界并不是将两个品牌简单地混搭，千万别相信所谓的"格调不是问题，品类不是距离"。真正的联名是讲究恰当合适，换句话说就是"要有CP感"，通常需要将产品卖点、销售场景、品牌形象等有机地结合在一起，否则，很难激起有效的化学反应，达到利益最大化。那么，具体应该如何做呢？需要注意如下几点。

（1）品牌传递的理念要一致

跨界的两个品牌传递的理念要比较一致，能给消费者以相对统一的认知。

▼ **案例 7-9**

2020年康师傅走在潮流的最前沿，与新兴国货乳业品牌"认养一头牛"跨界联名，吸引了大众眼球，刮起一阵销售狂潮。

此次两大品牌可谓是强强联手，亮点是始终贯彻着与牛息息相关的主题，利用牛身上的共同点来创造产品，不得不说这一招实在是妙。

康师傅则始终秉承"勤奋好身材、自律牛、味道牛"的食材源头。而"认养一头牛"一直坚持"人性化养牛、品质牛、营养牛"的奶源来处。

（2）满足的用户需求要互补

跨界的品牌在需求上要有互补性，避免完全不搭界或者高度重叠。

仍以上面的"认养一头牛"+康师傅为例，一个是牛奶，一个是面条，如图7-12所示。以牛奶+面条的搭配给大众提供了简单又便捷的食品。这一代年轻人忙于工作，吃饭却成了难题，推出牛奶+面条的套餐，可谓是解决了这一人群最大的难题。再加上，"认养一头牛"与康师傅推出创意礼盒，很大程度上增加了这款产品的附加值。

图7-12 "认养一头牛"+康师傅的联名营销图

品牌竞争的优势在于附加值的高低。如今的市场，诸多行业产品同质化严重，唯有品牌是独一无二的，可以进行差异化竞争来打造品牌附加值。无论是技术驱动、设计优化，还是管理升级、制度更新，都在为企业品牌赋能，塑造品牌附加值。

（3）将品牌融入一个通用场景中

跨界联名营销其本质上是两个品牌文化之间的重组与扩散，品牌形象在不断更新的同时，也在润物细无声地融入新一代消费代际的消费选择中。

▼ 案例 7-10

新式茶饮喜茶是最乐于做联名的品牌，据统计，2017年至2020年上半年联名的品牌多达54个，包括食品饮料、国潮服饰、文创、生活用品、化妆品等。除此之外，还与不少互联网公司有过合作案例，QQ音乐就是其中之一，捆绑销售麻薯和绿钻卡，售卖和爱奇艺的联名杯套。

喜茶与QQ音乐捆绑销售时，把自身从一个线下的现制消费品拓展到了移动音乐场景，购买此卡的用户在查看自己的绿钻卡时也会看到相应的喜茶标识，让消费者在听歌的时候不由自主地联想到，是否可以下单一杯喜茶，刚好也贴近当下自己听歌的休闲放松需求。

传统品牌更崇尚做精细运营，深耕垂直领域，这样做的优势是得到精准目标人群。但劣势也明显，存在着产品缺少通用场景用途的问题，换句话说，就是在满足精准目标人群需求的同时，间接地忽视了其他群体的需求。

而跨界联名则不存在这些弊端，是国货品牌营销抢占市场的常用手段，对品牌端而言，是两个品牌之间价值文化的碰撞融合与消费场景的拓展；对消费端而言，则是其消费选择与消费群体的延伸，就像两种物质产生了奇妙的化学反应，牵动着众多消费者蠢蠢欲动的心。

7.8 突出内容营销：让产品自带种草内容

国潮中有很多快速崛起的新国货品牌，例如三顿半、完美日记等，他们发展的速度非常快，用全新的思维模式颠覆行业，在夹缝中打出一片天地，甚至有超越行业巨头的趋势，堪称真正的"国货之光"。

那么，是什么原因让这些新国货品牌一鸣惊人呢？原因有很多，其中最主要的一个就是对内容营销做得好，产品自带种草内容。这方面做得特别具有代表性的就是三顿半。

▼ 案例 7-11

三顿半成立于2015年，是新崛起的一款精品咖啡品牌，通过构建和开拓精品咖啡的消费场景，致力于精品咖啡的大众化。三顿半在内容营销上有很多出圈的操作，让每款产品都极具话题性和差异性，让产品成为创意内容。

三顿半的内容营销有三个"战场"，"主战场"小红书，"分战场"微博，"边缘战场"其他社交平台。

（1）"主战场"——小红书

小红书主流用户追求轻奢、健康、正能量，与"咖啡"类目有较高匹配度，因此，三顿半的内容营销首选小红书。

三顿半在小红书里发布了4000多篇小红书笔记，帮助三顿半把所有想对消费者说的，以及自己说不过来的产品卖点、消费场景的创新，全部通过这些笔记解构得明明白白，品牌内容势能获得饱和释放。

比如，在《三顿半投资人：太多人关注流量红利，太少人关注审美红利》这篇文章中就很好地诠释了什么叫"解构场景"，提神醒脑，探店打卡，提升注意力，醒盹儿，好喝，好闻，复杂的香气，N种调配方式，健康的生活，减肥必备，杯子多种玩法，自律生活，日常消肿，一盒多种口味……丰富的内容维度涵盖了用户全天候场景，360°无死角的爆吹，刺激着用户的消费神经。

（2）"分战场"——微博

微博是个做品牌跨界的好地方，想要让品牌出圈、做扩列、做跨界离不开微博。三顿半在微博上曾开启了一波"咖啡彩蛋"浪潮，接连联手多位国内设计师、漫画师、插画师、Vlog博主、美学博主共同打造咖啡联名款，成功帮助品牌扩列，把产品渗透进更深的圈层。彩蛋包括设计师提供的IP形象的胸针、彩蛋卡、几粒咖啡。博主的粉丝们只要付10元钱运费就可免费获得，数量有限，先到先得。

从微博评论区来看，几乎所有的联名款都在开抢的1分钟内售罄，抢不到的粉丝甚至跑到闲鱼等二手平台高价收购。设计师联名这波操作，在微博收获了数千条互动评论，上百篇真实的素人UGC博文二次传播，为三顿半微信公众号实现目测导流了十万以上精准粉丝。

（3）"边缘战场"——其他社交平台

①知乎。因为担心流量小，或者怕被封号，很多品牌方不做知乎。其实，这是一种误解。知乎一直都在努力打造商业化产品，争取服务更多品牌方。例如，专门做好物推荐的"小蓝星榜单"，以及在很多可推荐商品的问题区域，品牌都可以安利自家产品，只要不夸大其词，有理有据地撰写内容，不违反社区规定，都不会被"小黑屋"。

三顿半就是借助"小蓝星榜单"逆袭女孩好物榜，并借助知乎问答植入品牌信息，很多与咖啡相关的问题，都被打上了"三顿半超即溶精品咖啡"的标签。用户只要点击该问题，在显要位置就能看到产品话题入口。

②B站。三顿半在B站的内容比较零散，主要分为素人"UP主"圈地自萌和咖啡玩家的测评。圈地自萌的素人"UP主"们非常可爱，他们中学生、年轻人居多，记录自己参加活动、开箱、咖啡冲调等内容，视频质量与用心程度都很赞。另外，B站里活跃着一群咖啡玩家，给了品牌比较客观的好评和中评，也很好地利用了这点。

③抖音。三顿半在抖音上的内容营销权重比较低，尚未进行官方合作，只有一些素人账号在推，以发种草视频为主，少数带货主播打广告，评论区风向属于中性偏差。

三顿半咖啡全面攻占社交平台，致力于打造优秀的内容，是符合当下营销潮流的。产品即内容、内容即营销就是最大的事实，近两年迅速崛起的新国货品牌，无一不是获取"内容流量"。这源于小红书、抖音、快手、知乎、B站等平台的快速发展，"精而准"的新兴公域流量池对品牌来说，散发着独特的诱惑。因此，多平台共进的内容营销，成为品牌实现策略的重要手段。

而新国货产品本身就是一种内容，通过内容直截了当快速打开消费者对产品的认知，让产品本身成了内容体质，恰恰符合了新国货的营销逻辑。无论是联名还是跨界，没有传统品牌的心理包袱，锚定产品缩短认识路径，让玩转产品成了一种品牌塑造方式。

不过，新国货在内容营销时要注意如图7-13所示的三点。

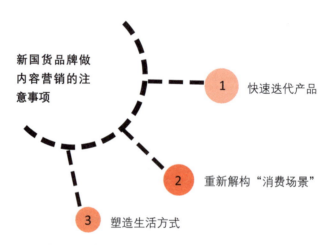

图7-13　新国货品牌做内容营销的注意事项

（1）快速迭代产品

大部分国货品牌，尤其是新品牌，都是网红产品，有很强的观赏性和话题性。其实，所谓的网红产品只不过是产品快速迭代产生的爆款。通过产品不断使内容活化，能够快速跟进和测试消费者的偏好和需求，及时调整产品生产和定位，让产品时刻成为用户的心仪之选，所谓小步快跑迭代升级，可以说是被新国货品牌用到了极致。

（2）重新解构"消费场景"

内容营销需要重新解构"消费场景"，提及"场景"，惯性思维会让我们把"场景"想象为用户的空间场景，如在高铁、飞机上、在办公室、在家、在约会时等。这些都属于"消费场景"，但"场景"并不能局限在"使用级场景"上，还要对其进行更深层的解构，激活"融合级场景"，即"产品+X元素"。

仍以喝咖啡为例。带娃要喝咖啡，消肿要喝咖啡，自律生活要喝咖啡，熏屋子要喝咖啡，这些场景，需要激活，需要去教育，需要将产品"解构再创造"，需要展开更多想象。

（3）塑造生活方式

对于国货品牌来讲，产品不仅仅是一个单独的产品，而是塑造一种生活方式。有人说，三流品牌卖功能产品，二流品牌卖场景解决方案，一流品牌卖生活方式。这些新国货品牌就是精准把握小趋势需求，与其说他们卖产品，不如说贩卖的是一种生活方式。而对生活方式的认可则正是新一代消费者所需要的，也是传统营销中所缺乏的。

7.9 重视个性表达，营造消费者舒适度

有调查显示，热衷于国货的新一代消费者，处处透露出了两个关键词：一个是重视个性表达，另一个是重视舒适度。

▼ 案例 7-12

提起王老吉，在很多人印象中是经典的红色。而就在2017年9月，王老吉研发了一款黑罐凉茶，并在京东商城完成首发。

此次，王老吉新品在包装上大变身，颠覆经典红色，在瓶身上设计88种图案，包括女团、手办、漫画书等契合年轻人喜好的元素（该包装获得了2017年德国红点奖）。在宣传上，也注入"宅、猫、二次元"等诸多代表年轻人生活态度的关键词，具体如图7-14所示。

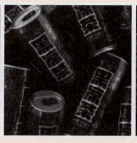

图7-14　王老吉黑凉茶

同时，在功能定位上也围绕年轻消费者的特点。这款凉茶是针对"长时间处于某种高强度专注状态，导致身体状态失衡"的反复上火人群的凉茶产品，有功效更强、风味更浓的特点。

（1）重视个性表达

在个性表达上，彰显个性的应季明星同款、JK制服等潮流服饰成为选购热门；颜值经济盛行的当下，男女老少关于"好气色"的消费需求井喷，新一代消费者为了追求新年好气色，选择了"内外兼修"。

欢颜焕新必藏好物中，既有外用护肤、美妆等品牌，还有内服保健品以及时尚口罩等外延品牌。呈现出对于品质生活更为追求的趋势，对自身的要求更追求"完美"。

同样，在亲子的温情时光场景中，90后"潮妈潮爸"养娃更注重功能性与个性化，热衷国潮，喜欢将新鲜元素渗透到亲子生活中。在亲子消费场景中，注重功能与个性齐爆发。数码年货也走红，成为Z世代年轻消费群体当下潮流新玩法。无论是送自己，还是送亲朋好友，功能型的数码潮玩、深具性价比的新款手机成为多数Z世代的首选。

（2）重视舒适度

在舒适度的追求中，"功能消费"向"品质消费"转变明显。养生、品质成为消费关键词。

自热食品成为疫情发生以来"宅经济"催生的重要食品品类。在"必备榜"中，速食品、即食零食也占据半壁江山。此外，在畅饮场景中，每年过年餐桌上的饮品"老三样"——可乐、雪碧、白酒慢慢被替代为更加精致、精装的健康型品质饮品。

在家电的消费中，品质升级、健康乐活、"懒"系生活、颜值主义、智能潮电成为年货节家电领域的关键词。除了智能化和人性化的家电消费诉求外，设计和外观也是用户关注的重点。在"必备榜"中，"万物皆可炸"的"空气炸锅"、颈椎按摩仪等健康型家电受到热捧。

在营销行业，一提到生活方式就莫名有种高级感，其实，这对于普通人来说也一样。生活方式究其本质，就是人们按照某种生活期许而安排其生活的模式，苟且的是生活，讲究的才是生活方式。

中国步入消费分级时代，在这种状态下，很大一部分人更加注重自己的生活质量，满足他们基本需求的产品有很多，但符合自己三观的产品就不那么容易找了，尤其符合自己三观还能满足自己对期许生活体验的产品就少之又少了。

这种小趋势需求可能是大品牌忽视掉的或不在意的，却恰恰是新时代催生的"精品"需求，抓住这个微薄红利就能快速崛起。

三顿半聚焦新生代消费群体，这群人因为工作对咖啡依赖大，但又没有过多时间煮现磨咖啡，速溶咖啡是一般加班人士的硬配置，但是稍显精致、略有讲究的小伙伴就难以下咽。所以主打冷萃手法提取咖啡粉，口感佳还速溶，而且配方中只有咖啡粉无其他添加更健康，这样的咖啡简直就是为他们量身定制，自然就成了这群人生活方式的标配。互联网行业有句很鸡血的话，说很多传统产业都可以推倒用互联网的方法再做一遍。

新时代下所有行业都有消费升级的需求，更注重心理和精神层面。因此，品牌在向大众传递信息时可以更生活化一些，用生活方式重新定位。对于年轻消费者而言，生活方式消费心态和行为也是一种生活态度和追求。

现在是一个物质资源极大丰富的年代，而且是一个圈层极度细分的年代，尤其是在大国崛起背景下，新生代人群从内而外变得更加自信和独立，我有我方式、我有我态度成为普遍心态，而所谓生活方式，不过是内心上不想和无关群体一样罢了。

内在的心态需要外在的姿态来标定，不能标定或展现的不是生活方式，消费为社交已经成为年轻族群的基本需求，而生活方式正是最直接、最实在的社交形式，因为这种消费行为本身有一种仪式感、排他性和显著性。

这样，传统品牌的影响力在新生代群体中的影响力自然就式微了，这也就为新国货兴起制造了契机。只要能抓住新的需求点，并且让产品有一种期待中生活该有的样子，那么就能够闯出一片天地。

当前，很多国货品牌把产品当作一个连接器或是内容共创平台来做，不断让产品制造惊喜和兴奋，让产品极具社交话题和消费欲望。这个过程就成了一种心态的表达、态度的体现，其实，这就是所谓的生活方式，也是与传统产品最大、最显著的不同。这种差异性和显著性自然就直接关联到了意向用户。

7.10 全渠道布局，打造DTC营销闭环

传统营销的传播特征是中心化，最典型的例子是，20世纪90年代保健品盛行时期，比如巨人、太阳神等。这几个品牌都是靠传销或者直销模式起来的，当时线上宣传手段比较单一，只要央视广告一投放就能保证销量。甚至绝大多数品牌，目标都是成为当年央视广告的"标王"。

这种营销方式的优点是，信息集中，密度相对较低，营销以功能及产品优势为主，能充分满足消费者的需求。缺点是品牌建设、营销、销售体系相互割裂、互不干涉，这也导致品牌与消费者离得很远。

可见，在当下这个"以人为中心"的消费时代，继续沿用传统营销"以货为中心"的货找人模式已经过时。因此，新国货品牌摈弃传统营销模式，采用社媒营销的方式，全渠道布局，打造DTC营销闭环，围绕去中心化、投送制的方式进行引流、营销。

DTC（Direct To Consumer）营销是指直接面对消费者的营销模式，以消费者为核心，注重消费者的个性化和精神需求，相对分散，以情感诉求、精神共鸣为主。

DTC营销包括任何以终端消费者为目标而进行的传播活动，与传统媒体如电视广告等的传播方式相比，优势主要体现在更接近消费者，更关注消费行为的研究，更重视消费者生活形态的把握。

国货品牌在做DTC营销时，可以通过从全渠道心智种草、私域运营到消费加购，构建起DTC模式下的营销闭环。

下面以"认养一头牛"为例，浅析国货品牌的营销逻辑。

"认养一头牛"成立于2015年，在伊利、蒙牛、特仑苏、光明等巨头近乎垄断的乳制品市场上撕开一道口子，火速走进大众视野。它曾先后斩获天猫、京东两大平台乳制品旗舰店全年销售额TOP1，更是在2020年双十一期间一跃成为乳制品细分赛道TOP1，跻身亿元俱乐部。

（1）解密流量密码，抓住社交红利

采用多渠道布局，其中微信、抖音、小红书为主要社交媒体投放阵地。它将投放重点从微博转移至微信、抖音平台，尤其微信平台预估投放金额超过50%。在账号投放数量上来看，"认养一头牛"在小红书投放账号数量占比约为51%、抖音占比约26%。

"认养一头牛"通过召集大量小红书达人，进行内容种草，快速收割消费者。

同时，借助跨界营销产出更多热门话题，持续引爆小红书的流量池，并借势将公域流量导向企业微信号、公众号等私域场景，实现私域的快速扩盘。

在"双微"之后，小红书、抖音等后起之秀正在成为品牌投放的新阵地。

（2）重视私域运营，增加消费者黏度

从创立之初"认养一头牛"就深知私域流量的重要性，早期通过与吴晓波频道、丁香医生、老爸评测等知名自媒体进行深度合作，收获了第一批种子用户。

经过长时间的深耕私域场景，品牌累计覆盖了近2亿人群，也为后来正式入局私域，打造千万级私域规模打下了基础。

此外，它还通过认养模式提升消费者的互动和参与感。在提升产品转化效果层面，采取了与用户共创的分销机制玩法，以锁定长期消费，增加用户黏性。

比如，用户可申请成为养牛"分销员"，依托朋友圈转发、拉新进群等私域玩法，带动销售并获取佣金奖励。

"分销员"不仅具备更强的口碑宣传及社交裂变能力，品牌更能够借此和消费者产生直接联系，建立品牌自有资产，促进长线复购。

（3）建立DTC转化渠道

在渠道端，"认养一头牛"建立了线上线下丰富的DTC转化渠道。在线下，"认养一头牛"布局了超5000个终端，并在线上包括精品电商、社交电商、传统电商在内的各类型平台全面铺开。

通过DTC模式，品牌可以直接与消费者联系，掌握消费者的需求变化，有利于建立长期关系，提高复购率。

产品是1，营销是0。在互联网时代，一切中间环节被砍掉，只有产品够尖叫，你才有通过营销放大10倍、100倍的威力。在选品上，挖掘用户痛点；在营销端，全渠道布局，打造产品口碑；最后，产品快速迭代适应市场，成为"长红"品类。

第8章 提升体验：体验好是消费者愿意花钱的主要理由

导读 ▏上海思南书局体验式营销

一个阳光明媚的周末午后，平日工作忙碌的小雅化了个精致的淡妆，穿上最舒适的衣服，来到复兴中路上古朴典雅的思南书局。她从书架上找到了一本卡勒德·胡赛尼的《追风筝的人》，点了一杯48元的美式咖啡，在舒适的沙发上坐下，伴着浓浓的书香和香醇的咖啡，度过了安静惬意的一个下午。临走，还买了这本没读完的小说，还顺便捎了一条精美的思南印象丝巾。

其实这本书网上6.8折；这条丝巾淘宝同款，价格只有思南书局售价的一半；而这杯咖啡，在家自制成本只要1元，口味一模一样。那么，小雅为什么愿意花很多倍的钱买同样的东西呢？因为小雅真正想买的是"惬意、宁静、美好、充实"，而不是书、咖啡、丝巾。

这，就是体验经济。

（文字来源于"产品遇上运营"微信公众号，作者徐霄鹏）

上面是发生在上海思南书局的一个案例，也是众多读者中的一个缩影。提起思南书局，很多读者肯定知道，被誉为人文书房，作为一个以体验为主的特色书店，2017年曾荣获"特色书店"奖项。它的特色在于将读书体验与卖书、卖周边产品完美结合，颠覆了书店卖书的经营模式。

在这里不得不提体验经济，它是服务经济的延伸，是农业经济、工业经济和服务经济之后的第四类经济类型，强调消费者的感性满足，重视消费行为发生时的消费者的心理体验。

8.1 国货经济：从传统经济转向体验经济

无论商品经济时代还是服务经济时代，都是先形成肉体上的感受，然后再升华为内心的快感。但是体验经济时代一切都要反过来，先寻求自我心智的塑造与超越，然后再促使肉体进行感受。

国货经济完全吸取了体验经济的精髓，十分重视消费行为发生时的消费者心理体验。纵观那些做得好的国货品牌，无不重视体验，新型超市、新式茶饮、生活礼品店、智能零售终端、新型书店等都能看到品牌对体验的精心打造。

这样的例子比比皆是。

▼ **案例 8-1**

> 喜茶、奈雪、乐乐茶等新式茶饮，迎合年轻一代回归中国传统文化，却又渴望自我身份认同的诉求，将代表年轻元素的奶茶与茶文化相结合，通过时尚化和高颜值，创造出全新的快捷时尚新式茶饮，席卷年轻群体。
>
> 野兽派、Flower Plus+、ROSEONLY等新型鲜花艺术礼品店，准确踩中了消费升级背后强烈的情感诉求，将品位与时尚作为标签，走有故事的文艺奢侈品路线，从而通过高度的情感体验附加值，获得了远超传统鲜花礼品店的惊人溢价空间。
>
> 单向空间、钟书阁、言几又、思南书局等高颜值书店，如雨后春笋般地涌现。不再是售卖图书，而是融精选的书籍、艺术的环境、精美的茶饮、文艺的礼品于一体，以艺术气息、厚重底蕴、精致格局，召唤着读书传统的回归。为读者提供丰富、文化、宁静、偷闲的极致体验。

参与式营销与传统营销方式相比，最大的特点是要更多地关注消费者的内心需求和意愿，以消费者为中心，努力满足消费者的痛点需求。同时，参与营销也使企业的营销手段更加人性化，让消费者更容易接受，从而积极参与到品牌宣传推广中来，与营销人员进行有效的互动和沟通。

参与式营销不仅可以大大提高消费者的满意度，还可以拉近企业与用户的距离。在过去很长一段时间，互联网未诞生或未大范围运用之前，人们的购物需求停留在一个仅满足功利性需求的阶段，买东西只是为了满足最基本的需求。如买一块手表，就是为了看时间，只要能准确指示时间即可。至于这块表是国内品牌，还是国外品牌，是瑞士产的，还是德国产的，很少有人关注；买一件羽绒服，也只是为了御寒保暖，而对其外表则很少关注。

随着社会的发展，商品日益丰富，消费者的消费观念也在发生变化，内在心理感受已成为影响消费的主要因素。消费者选择一件商品时，心理也在不知不觉地向品牌的知名度、美誉度方面倾斜。

消费者在传统经济和体验经济时代的注重点不同，如图8-1所示。

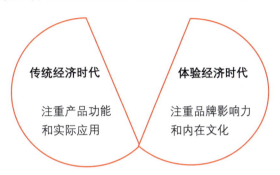

图8-1　消费者在不同经济时代关注的重点

体验经济时代，国货品牌在营销方式上也越来越开放，不但积极革新自己，还鼓励消费者体验。衣服好看不好看，可以先试穿，食物好吃不好吃，可以先品尝，手机用起来爽不爽，可以到体验专店去尽情玩。与此同时，一大批向消费者开放，鼓励参与消费的卖场、超级市场逐步取代传统的百货商店。

8.2　竞争优势：体验经济下的产品优势

体验经济下的产品与其他经济形态的产品相比，有诸多优势。体验经济时代的产品优势如图8-2所示。

图8-2　体验经济时代的产品优势

(1) 强交互性

与农产品、工业品相比,体验经济下的产品更强调交互性,消费者可以从被动到主动,从吸引到浸入,以不同的方式通过深度互动获取体验。比如滑雪、体感游戏等,消费者通过充分融入其中、深度互动,感受到了产品的价值所在。

由于强交互性,这就要求品牌在设计产品时,必须紧紧围绕消费者的感官、情绪,结合场景进行设计,综合运用人的听觉、视觉、触觉等系统,去挖掘、刺激情感和感官感受,促使消费者在思想上和行为上产生改变。

强交互性产品的设计思路与步骤如图8-3所示。

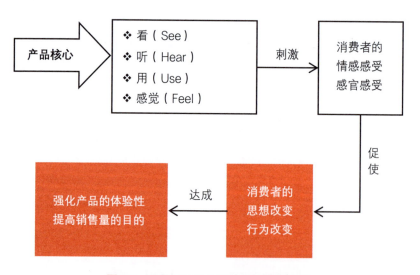

图8-3 强交互性产品设计的思路与步骤

(2) 高溢价

如果产品价值的专注点是商品本身,性价比不可避免会成为关键因素,从而大幅削弱利润空间。而体验经济把价值专注从商品本身转向体验。比如思南书局的咖啡,代表惬意宁静;ROSEONLY的鲜花,代表爱情的专一。对体验的精心塑造,能让消费者心甘情愿地付出高溢价。

当一款产品加入了体验性元素时,其价值会得到大大提升,增加产品的"体验"含量,能为企业带来可观的经济效益,以咖啡为例。

▼ 案例 8-2

当咖啡尚处于原材料阶段时，仅仅是一种货物，在市场上交易一磅只有几百元，如图8-4所示。

图8-4　咖啡价值体现1

当被包装成商品时就可以卖到一二十元，如图8-5所示。

图8-5　咖啡价值体现2

当加入一定的"服务"，摆在咖啡店中出售，一杯最少要几十元甚至上百元，如图8-6所示。

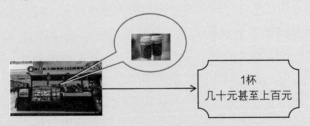

图8-6　咖啡价值体现3

当辅以一种美好的"体验"时，如温馨的环境、悠扬的音乐、笑容可掬的服务等时，一杯就可以卖到上百块，甚至好几百元，如图8-7所示。

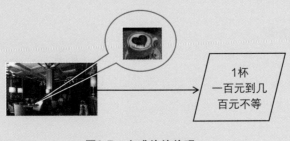

图8-7　咖啡价值体现4

可见，一款产品、一项服务在市场中是否会受到大众的认可，最重要的一个标准就是能否给用户带来美好体验，以及这种体验性的大小。

一款产品或服务的体验对用户至关重要，谁能给用户一个积极、高效的体验，用户就会选择谁，并产生持久的忠诚度。任何产品、服务都是满足用户某方面需求、解决用户某个实际问题的，如可以提高生活质量，提高工作效率，改善人际关系等。但这些目标的实现都要基于一个良好的体验，因此，做产品必须先做好体验，强化体验的性能，让用户真真切切地感受得到。

（3）无形胜有形

体验经济时代的产品不像普通商品那样可以以价格、质量标准等进行准确衡量，体验难以量化，没有标准度量单位。它因人而异，通过"感受"来传递，以感官印象的方式留在消费者心中。美好的感受，不但可以实现高溢价，也可以打造高度的黏性与留存。

8.3 感官体验：创造愉悦的消费过程

体验经济先是从感官层面上改变消费者消费路径的。打个比方，甲想购买一款养生壶，他可能不会直接去购买，而是去看，去体验一番，或者去实体店，或者看某个博主晒出的下午茶（可能对方也在使用某款养生壶），然后再根据已掌握的线索，有针对性地搜集所需产品。

基于此，品牌也开始迎合消费者的这种心理，小电器北鼎就经常出现在各种博主晒吃晒喝的场景之中；也会结合主产品推出周边产品，如搭配食谱、料包、食材等，目的就是给消费者带来更完整的购物体验。再加上时尚简约的外观，迎合了年轻人审美的造型，很快成为年轻群体中的"网红"产品。

感官体验是指呈现给用户视听上的体验，强调舒适性。在感官体验的打造上注重以下两个方面。

（1）产品外观

产品外观是影响消费者对产品心理感受的第一因素，也是最直接的因素。这就要求在产品设计环节，就要充分考虑到目标受众的心理。

设计产品外观时，可以从品牌LOGO、设计风格、附着信息、颜色亮度四个方面考虑。

①品牌LOGO。确保品牌展示清晰的同时，又不会占用太多空间。

②设计风格。风格要符合消费者的审美习惯,并具有一定的导向性。

③附着信息。重点突出,主次分明,结合营销目标将目标受众最感兴趣、最有力的信息放在最重要的位置。

④颜色亮度。与品牌整体形象一致,主色+辅色不超过三种颜色。并且色彩亮度合适,以保证视觉上的舒适性。

(2)产品所处的环境

产品所处的环境也直接影响着消费者对产品的感官感受,尤其是一些特殊的产品,离不开环境的衬托。这也是为什么很多体验店重视内部装修的原因,良好的布局、格局、空间氛围、色彩配比,可以对人的心理产生重大影响,更能刺激人的视觉神经,从而引起消费者的关注。

▼ 案例8-3

音米眼镜是知名眼镜品牌之一,正在向"世界一流眼镜品牌"进军。这个品牌诞生于2010年,仅有十几年时间。然而,它的竞争力完全不输一些老品牌。

音米眼镜主打快时尚,旨在让戴眼镜成为一件时尚的事。依托天猫、京东等电商平台,凭借耀眼营收成功搅动了已沉寂多年的国内眼镜市场,在业界竖起了一面猎猎作响的大旗,深受年轻消费者青睐。如图8-8所示为一位消费者晒购买的眼镜晒单截图。

图8-8 消费者晒单截图

音米眼镜不但线上做得好,线下也做得风生水起。音米线下体验店借助传统经典文化,打造了一个开放互动的体验零售空间。例如,在北京芳草地的首家体验旗舰店,不仅是一家普通眼镜店,更像是一家艺术殿堂,以"可能力场"为主题概念,结合诗歌、雕塑、光影、装置艺术等多种艺术形式,采用不同的艺术语言,处处传递着音米在艺术文化领域的探索。

正是浓厚的艺术氛围,音米眼镜在销售上有一个特殊的现象,即复购率高。这一数据传统眼镜是6%。音米高达19.6%,接近服装、护肤品等的复购水平。音米眼镜让眼镜不仅是功能性需求,而是可以像换衣服一样换眼镜,真正实现了时尚与个性的自我表达。不仅仅是眼镜,更是态度,是时尚,是文化,是生活方式。

8.4 行为体验：鼓励消费者用行动积极参与

Z世代等新一代消费者的消费行为正在发生变化，他们对国货品牌表达出强烈的认同感。这种认同最大的特征就是积极参与，整个参与过程称为行为体验。

据2021年天猫的一项调查显示，完美日记已跻身最受"00后"喜爱的国货品牌第二名，在"618"大促中，销量位居京东自营国货彩妆与唯品会彩妆首位。

完美日记之所以深受消费者青睐，与长期以来奉行的参与体验有关。据悉，仅一款羽毛粉饼，前后就经过300多名消费者参与测试，历经多次会议和上百个日夜才得以推出。这种量身定制式的生产模式，深受年轻消费者青睐。

正如完美日记一位产品设计师所说："每位用户都可能成为我们的产品设计师，我们坚持从用户出发，采用数据驱动的直面用户的模式，通过各种社交渠道直接与用户沟通，努力将每位用户的需求、习惯、喜好转换成产品。"

互联网时代的营销尊崇用户至上，做好用户参与体验就能赢得用户的"芳心"，只要能让用户参与进来，让他们有参与的激情与欲望，产品自然会被接纳和认可。

那么，对于国货品牌来讲，该如何做好参与体验呢？可从如图8-9所示的3个方面入手。

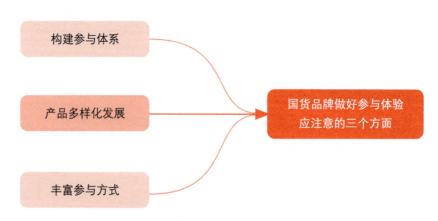

图8-9　国货品牌做好参与体验应注意的3个方面

(1)构建参与体系

构建完善的参与体系,即把产品设计、生产、销售、售后以及品牌推广等所有的流程都公开化、透明化。让用户参与进来,形成一个看得见、摸得着、可拥有的参与体验体系。在具体构建时这是有章可循的,也是有先例的。下面看一下小米是如何做的。

▼ 案例8-4

小米是一家创新型科技企业,主要经营高端智能,其生产的小米手机是消费者最喜欢的国货品牌之一。小米自2010年成立以来,创造了一个个销量奇迹,不但超越着竞争对手,也超越着自己。

小米成功的原因是多方面的,关于这个问题不少专业人士、同行,甚至小米自己都做了很多研究和分析。其中最具代表性的就是小米副总裁黎万强的观点:小米走的是一条参与性营销之路。这个观点是在他自己的《参与感》一书中正式提出的,这也是小米官方首次解密。

小米的成功关键在于调动了粉丝的参与性,鼓励粉丝参与到企业的营销中来。最具有代表性的是"三三法则",那这是一个什么法则呢?

三三法则即小米的参与体系,又称为"参与感三三法则",如图8-10所示。具体分为三个战略、三个战术。战略政策层面,主要是需要做什么,或不做什么;战术是执行层面,主要是如何做,做得怎么样。战略如在冰山之下看不见,战术如在冰山之上更可感知,两者互相促进,互为一体。

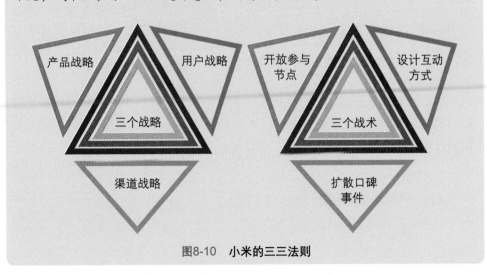

图8-10 小米的三三法则

（1）三个战略

①产品战略。小米认为，企业无法形成产品线，就难以形成规模效应。小米产品线从手机单品延伸到净化器、电视、路由器、智能硬件在内的多条产品线。而且每个产品都要做到极致，做到这个品类的第一。

②用户战略。小米是粉丝文化的先导者，小米的粉丝也是世界上最强大、最忠诚的粉丝群之一。也就是说，产品要想受用户欢迎，首先必须让所有人成为产品的粉丝，并要让其从中获益。

③渠道战略。网络的去中心化，使每个企业都成为相对独立的自媒体平台，小米鼓励、引导每个员工，每个用户都成为"产品的代言人"，从而建立一条有特色的营销渠道。

（2）三个战术

①开放参与节点。开放节点是基于功能需求的，越是刚需参与人越多，也就是说企业和用户双方都要能获益。双方互利的基础就是在整个流程中找到平衡点，当将产品以及产品的相关流程完全开放后，筛选出对双方都有利的节点。

②设计互动方式。小米的互动遵循的是"简单、获益、有趣和真实"的设计思路，即根据开放节点进行相应设计，把互动方式像做产品一样持续改进。2014年春节爆发的"微信红包"活动就是极好的互动设计案例，大家可以抢红包获益，有趣而且很简单。

③扩散口碑事件。扩散是个数量从少到多，范围从小到大的过程，具体做法是先筛选出第一批产品最大的认同者，小范围发酵参与感，把基于互动产生的内容做成话题，做成可传播的事件，让口碑产生裂变，从而影响更多人参与，同时也放大了已参与用户的成就感。

广告界有句名言，"一直被模仿从未被超越"，任何事情没有因为模仿得好而超越对方的。但这并不意味着不可模仿，根据小米的三三法则，后来者可以遵循其足迹打造属于自己的参与营销体系，并根据自身情况善于创新，敢于突破。

（2）产品多样化发展

有些品牌为什么无法持久地吸引用户，原因在于产品品种太单一，而又无法将单一的产品做到爆品。做单品爆款要求比较高，需要做细做精，尽管这是一种不错的产品策略，但只适合少数精英品牌。

对于绝大部分品牌来讲仍是"多即是好"，要能给消费者提供更多的选择。目前，无论是出于迎合市场还是迎合消费者需求，品牌在产品策略上都在寻求多样化，这是个大趋势。

在这种背景下，小米同样在走产品多样化的路线，延长产品生产线，增加产品系列化，以满足用户参与营销的未来出路。延长产品生命线是纵向策略，主要是做单品；产品系列化是横向策略，主要是做衍生品。

（3）丰富参与方式

品牌要通过不断优化用户体验的方式，让产品真正潜入用户内心。使其记住的不是广告，而是由亲身体验后对产品的认可，使其即使见不到产品也会产生饥渴性的需求。

仍以小米为例，在产品诞生的整个过程中，米粉都可以全方位参与。比如，在产品开发阶段，他们就开始参与进来了，其中不少人出谋划策，将自己的想法表达出来；在新品测试阶段，更是在几分钟内便有数百万粉丝涌入网站试用，提出自己的意见；而当产品上市时，更多米粉成为宣传大军；当产品销售时，这些米粉又积极地参与到产品传播和推广之中。用户在小米参与体验中所扮演的角色如图8-11所示。

图8-11　小米用户在参与体验中扮演的角色

小米通过让用户扮演不同的角色参与产品研发、生产、推广全过程，如产品经理、测试工程师、口碑推荐人、梦想赞助商等，大大丰富了体验内容，强化了体验识别，激发了消费者热情饱满的参与。

8.5 情感体验：兼顾消费过程中的情绪变化

国货在产品品质层面上有了很大提升，但在情感关怀层面还是比较欠缺的。随着大众消费需求的转变，消费者不再满足于单纯的产品质量，还有情感层面的需求。

因此，对于国货而言，要想真正抓住消费者的心就必须注重用户的情感体验，考虑他们的情感需求。

人在消费时，大多数有情感上的需求，只不过这种需求比较隐性。美国知名认知心理学家、工业设计家唐纳德·诺曼提出情感设计理论，其中最著名的就是用户情感体验层次需求。他认为，消费者的消费体验可以分为三个层次，分别为本能层次、行为层次和反思层次。相应地，可将用户体验分为直觉体验、过程体验和情感体验3个层次，具体如图8-12所示。

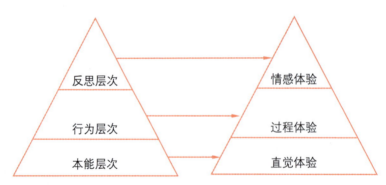

图8-12 消费者消费体验的层次

（1）本能层次→直觉体验

本能层次给人的是直觉体验，是产品给人的第一印象，这也是上面讲到的感官体验。这类体验主要是产品外观给人带来的体验。交互产品的直觉体验就像是一把锁，用户是否会进入更深层次的体验，关键就在直觉体验上。

（2）行为层次→过程体验

行为层次是消费者在使用产品的过程中而产生的一种体验，比如，产品的操作流畅度、舒适度、易操作性和易理解性、产品满意度。对这个层面的体验，大多数消费者是保持理智的，客观的，像上面提到的参与体验便是一种过程体验。

（3）反思层次→情感体验

反思层次是最深层次的体验，也就是情感体验，它往往是指，在消费者使用完该产品之后，回想起产品给自己在情感层面带来的体验。能达到这一层次体验的产品往往可以给消费者难以忘记的印象，与消费者建立良好的情感联系。

对情感体验的层次有了一定了解后，下面进一步分享如何基于品牌进行情感体验的设计，具体可分为如图8-13所示的几个流程。

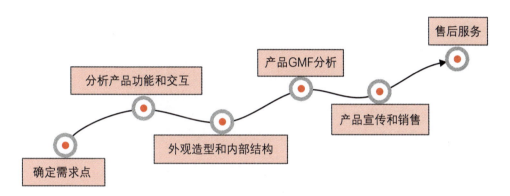

图8-13　基于品牌进行情感体验设计的流程

（1）确定需求点

分析和研究消费者的生理需求、心理需求、交互行为等，尤其是分析消费者的隐性需求。然后根据需求层次分析需求点的优先等级。

（2）分析产品功能和交互

根据相应的需求点列出产品功能，确定出什么样的功能可以满足相应的需求点。尤其是产品的交互方式，需要以什么样的交互方式来满足消费者情感需求。需求的优先级别相对应的是产品功能的优先级。

（3）外观造型和内部结构

功能确定后设计如何实现这些功能，需要什么技术，产品的内部需要由什么部件来完成这些功能等。内部部件确定后，根据内部部件所需要的空间结构来设计产品的外观，在外观的设计中同样应该注意消费者的需求，包括消费者的审美、交互等。

（4）产品CMF分析

产品的外观造型完成后，最后这个环节就是产品的CMF设计(Color-颜色、Material-材质、Finishing-工艺)。产品的CMF是产品设计的点睛之笔，好的配色、恰当的材质、完美的工艺可以让产品更加夺目。

（5）产品宣传和销售

宣传是消费者对产品的第一印象，是消费者的直觉体验，简洁易记的宣传语言和吸引人注意的广告海报等，都可以让消费者拥有更好的直觉体验。销售是直觉体验和过程体验的结合，目前各种线下体验店就是结合了直觉体验和过程体验，线下体验店的装修风格和服务可以让消费者对产品品牌留下相应的印象。

（6）售后服务

产品的售后是经历体验，是产品生命周期的最后环节，因此周到的售后模式有利于给消费者留下深刻的积极印象，让消费者对品牌产生信任感。

8.6 场景化体验：利用新技术打开体验新蓝海

新营销时代，人人都在谈场景，那么，什么是场景？其实，每个人每天都处在不同的场景之中：坐公交、进电梯……，而相应地看到的公交广告、电梯广告，都是基于场景生成的市场。

随着新技术的到来，场景进一步升级，已经不再仅仅局限于传统场景中，场景更加自动化、智能化，能让消费者置身于场景氛围之中，和产品"零距离"交流。比如，3D技术、AR技术、VR技术、XR技术、投影技术等营造的场景。

▼ 案例 8-5

云燕安家是上海华燕房盟网络科技股份有限公司旗下的一个营销APP平台，其中最具有特色的就是VR（虚拟现实）看房的推出，可以让看房者足不出户，便能在虚拟环境中看房、选房。

该公司之所以能够达到这一效果，是因为他们将样板房型上传到手机APP

上，建立3D模型，并通过特殊的技术对材质光照效果进行处理，然后再接通VR设备，让看房者通过设备在手机、平板电脑等移动智能终端就可以看房、选房。

当看房者戴上VR眼镜后就可以清楚地看到房屋的立体模型，户型、大小、朝向、装饰细节、材料等全部可以展现在眼前。如果对某套房子特别中意，还可以调出更多的细节，如精装房的安装细节。

曾有看房者就这样描述："当时看到的时候，我整个人都被震惊到了！床的位置、床旁边的插座、灯具等都画出来了，非常直观，全投影放样真正为我们业主确保了一个所见即所得的整家。"这种近距离的体验方式会有种置身于其中的真实感。如果还有不明白的地方，可以通过客服系统接入专人服务，进行深度沟通。

VR即虚拟现实技术，凭借着超强的体验获得了不少品牌的青睐，大大提高了消费者购买体验。通过新技术不但可以看到传统场景中可能忽略的细节，也可以大大提升消费效率，不必再花费大量时间和精力去比对。比如，看房子，大多数看房者平均要看20套才能最终做出购买决定，而这20套房以半个月一套，也要花10个月时间。而通过VR眼镜可同时看多款房型，并可以及时过滤掉不满意的房源。

场景化体验在新零售行业运用得最普遍，随着移动互联网、数字化信息、IoT物联网等技术的融合应用，不断重构着"人货场"三者的关系。简单地说，新零售企业必须以"货"为核心，围绕"场"去布局，吸引"人"到"场"去买"货"，才能实现商品销售的全栈价值挖掘。在这一点上，国美"真快乐"平台积极构建了全场景的消费零售生态，成了一项"人无我有"的稀缺能力。

▼ **案例 8-6**

2017年末，国美启动"家·生活"战略，其核心在于围绕厨空间、舒适家、酒水、定制、百货等多重业态，实现从家电消费向家庭生活场景的延伸。那一年，消费者来到国美"家·生活"体验馆享受全屋智能家电的便捷，在游戏区、烹饪区、休闲区尽情释放工作与生活压力，俨然成了一种另类时髦。

2020年国美通过强大的供应链整合能力，将贩售的核心品类从家电延展到

> 食品酒水、服饰鞋包、家居家装、日用百货、母婴玩具、美妆个护六大类目，并通过线上"真快乐"与线下"国美家"双平台协同实现了全场景融合。最有代表性的，就是遍布全国的3400多家国美门店，均通过"一店一页"完成了线上平移，消费者线上下单购买数码3C或小家电，总能优先从距离最近的国美门店发出，最快30分钟就能拿到。

国美"家·生活"本质就是通过发挥全国矩阵的门店优势，以重新装修或全面改造的方式，实现对体验式消费场景的全方位升级，抓住了当时90后普遍成家立业，对智能厨具等全屋智能产品天然的消费刚需。如今当很多人想要买智能橱柜等产品，首先会想到国美。

这就是一种场景化体验，新技术可以打造独一无二的体验效果。新技术在体验的运用上，VR只是其中之一。随着其他技术的不断投入，在实际中运用越来越多，体验将会越来越丰富。相对于传统场景，更注重氛围营造。

第9章 完善服务：服务是强化用户忠诚度的最后拼版

导读 ▎国货应向奔驰学服务契约精神

2019年5月23日，北京梅赛德斯-奔驰销售服务有限公司联合奔驰金融、奔驰smart以及奔驰乘用车公司共同推出《服务公约》。公约强调运营的合法合规性、服务及收费的透明化，坚决维护消费者在汽车消费和服务过程中的合法权益。

《服务公约》内容如图9-1所示。

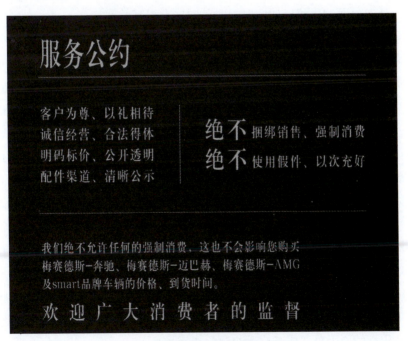

图9-1 奔驰的《服务公约》内容

《服务公约》本着"客户为先"的服务理念，目的是保证消费者权益，树立品牌价值感。被认为是回归客户、回归品牌初心之举，该公约实施以来，各大经销商门店积极践行，向消费者宣读《服务公约》已经成为销售环节必不可少的流程。

尽管在实行初期，有些销售人员，甚至经销商管理层不适应，都难以理解这项新的举措。但随着厂家针对各授权经销商进行多次培训，也逐步理解了，这是行业发展和推进的一个必要的过程，更是奔驰"站在客户的角度，从客户的视角出发"的重要举措，从长远来看更能实现品牌多赢发展、良性发展和长久发展。

随着《服务公约》一同出台的还有个新岗位："客户权益官"。每家4S店都增设了这个岗位，该岗位专门负责客户反馈，监督《服务公约》的实施情况，直接向总经理汇报。

随着物质生活的丰富，消费者对于豪华车的认知已经发生改变，从更偏重炫耀式的占有，转变成情感价值的体验。这个时候，豪华车消费者关注的不仅仅是产品力层面的优势，他们对于服务同样有很高的期待。

奔驰《服务公约》发布之后，其他车企也被带动起来，就服务工作进行改革。比如，宝马推出"十大承诺"；奥迪围绕"以用户为中心"的经营理念，在服务方面进行升级；广汽菲克宣布推出Jeep品牌"30天无忧退换"质量保障政策；爱驰汽车发布服务品牌"诺道"，BEIJING品牌发布"55度服务理念"；广汽本田发布了全新服务品牌主张——FUN LINK创享车生活等。

尽管奔驰是国际品牌，但其发布的《服务公约》无疑影响甚至改变了整个行业规则，树立了汽车零售行业新的标准，国货品牌也深受影响。对于品牌而言，如果说产品是基础，那么服务就是根本，每个消费者希望能够明明白白地消费，而且是合理地消费，这就对品牌商提出了更高的服务要求。在这个改变的契机里谁能够做得快一点，坚决一点，对自己更狠一点，就有机会在未来继续引领行业的变化。

国际品牌如此，国货品牌也是如此，要想真正赢得消费者的信任，服务必须跟上，注重提升服务质量才能赢得市场。消费者之所以对洋品牌感兴趣，除了产品质量的原因外，服务完善也是一个重要因素。反观一些国货企业，由于服务跟不上，大大降低了消费者的购买热情。

9.1 增强服务意识：实现产品驱动到服务驱动的转变

当前，大部分国货品牌还处在以"产品"为导向的发展路径中，即过于重视产品本身，而忽略了服务。其实不光国货品牌，过去的商品经济时代，大多数企业都只重视产品，因为只要产品做得好就能牢牢占领市场。但进入体验经济时代，只有产品没有服务，或者仅仅将服务当作产品盈利的手段，已经远远不够，必须寻求从产品驱动向服务驱动的转变。

例如，现在很多城市的共享单车，之所以是以时间计价，而非单车本身，原因就是遵循了以服务驱动的运营逻辑。即用户无须为产品（单车）付费，而是为产品所能提供的服务（取车、用车、停车）而付费。所以，无论共享单车项目最后能走多远，这种思维转换本身的价值都是巨大的。

再例如，强势依托产品的餐饮行业，也开始讲服务。尤其是一些国外品牌，麦当劳、星巴克等就出现了送餐到桌特色服务。

▼ 案例 9-1

> 在麦当劳，用户选择该项服务后，只要拿着定位器找一个中意的位置坐下，就有专门的服务人员替你把食物端上餐桌，除了送餐到桌，还提供派对主持等服务。
>
> 这项服务虽然提高了人力成本，但与经济效益的提高并不矛盾，这种完全流程化、标准化的服务直接改善就餐体验的环节。尽管只是增加了一项服务，但对于麦当劳来说，是重大的战略和流程转型。因为战略转变是牵一发而动全身的事情，想要提供这些服务，同时意味着其门店在选址、整体空间规划、装修设计上都要进行转型。

过去，将服务视为产品销售的附属品，要么尽量减少服务的期限，要么对服务质量不够重视，或者将服务作为提升产品利润的一种手段。由产品导向到服务导向的转变，不仅仅局限于某些行业，已经渗透到各行各业。这将是一个共同趋势，不同的是速度有快有慢而已。

由此可见，国货品牌能否获取竞争优势踏上全新旅程取决于是否以服务为导向，并已经为这个重大的转型做好了准备。

目前，在国货品牌中，变化最大的就是家电行业，过去消费者买大件电器，不但要支付电器的钱，还得支付一定的其他费用，比如上门费、安装费、材料费、配件费等。商家以各种名目提高服务成本，可以说是带着一种"雁过拔毛"的心态与消费者打交道。

现如今，这种情况已经基本不存在，形势正在发生变化。越来越多的家电企业由"产品制造者"向"服务运营商"转型，开始认识到消费者购买家电，其实是为服务合同买单。对于消费者来说，购买家电的过程就是购买服务的过程，销售、送货、安装、售后构成了服务的连贯内容。

9.2 提高服务质量：服务是机会而不是成本

对于国货服务的认识，大部分人的印象是或墨守成规，或形同虚设，只有产品没有服务。这种现象无疑削弱了服务质量。随着新零售时代到来，零售形态以及商业模式发生了变化。仅凭借一款优质的产品，并不能满足消费者的需求，还要进行相应的服务，让服务更加多样化，个性化，富有体验性。

销售与服务两者是相辅相成，互为促进的。正如汽车大王亨利·福特曾说："要把为顾客服务的思想置于追求利润之上。利润不是目的，只是为顾客服务的结果而已。"

服务是用来满足消费者精神享受和心理感受的，当前是个服务至上的时代，新时代的消费者越来越注重这一层面的需求。因此，完善国货品牌的链条中，提升服务质量是不可忽视的一环。只要能在服务上前进一小步，就可以实现品牌发展的一大步。

服务被认为是销售活动的延续，同时也是促进产品二次销售的主要方式。然而，国货品牌如何做好相应的服务呢？至少要做到如图9-2所示的三个方面。

图9-2 国货品牌做好相应服务的三个方面

（1）让服务更全面

为消费者提供全面的服务，可提高产品的附加值，带来足够的投资回报。

▼ 案例 9-2

> 在过去相当长的一段时间内，所谓服务大多限于售后服务方面。全新绅宝D50改变了这一点，围绕汽车产品服务的升级，从过去的单一维度，逐渐向多维度方向发展。包含质量服务、便利性服务等多个维度，将国货品牌的服务卖点推向了一个阶段性高潮。
>
> 质量服务，顾名思义就是与汽车产品质量相关的服务，最典型的莫过于整车质保服务。车企的整车质保都是围绕国家三包法来制定的，一般都是3年或5万公里，或者，3年或10万公里等。宝沃BX7上市时推出的"前10000名购车者终身维修0费用"的服务政策，是当时汽车质量服务的一个新起点。
>
> 便利性服务包括多个方面，比如金融维度，它涉及的是消费者购车的便利性，绅宝D50打造的五重尊享大礼中，3年0利率优惠、无忧购车计划、流量终身免费这三个，就是从便利性维度为消费者打造的高水平服务。再比如，车载智能系统的维度，它与消费者用车的便利性息息相关。绅宝D50联合科大讯飞共同开发了全新的车载智能操作系统，这种更智能化的车载智能系统，是下一步国货品牌在提高便利性服务方面的方向。

国货品牌的竞争力塑造，已经开始从多维度展开，其中重要途径之一就是服务。当服务在消费者心中稳固地生根时，它便成为一种强力黏合剂，把产品和消费者紧紧地粘在一起。

值得注意的是，提高额外服务要求通常也是非常高的。在服务内容项目上，需要超越标准服务，为消费者提供更加方便、个性化的服务。因此，当考虑为消费者提供额外服务时，应该考虑以下几个问题：第一，服务内容的质量是否更高；第二，提供哪些专属服务；第三，是否符合消费者的价值主张。

（2）让服务更超值

让服务更超值是指超值服务，或超额服务，不但要提供与产品配套的服务，还要提供相关的额外服务。

▼ 案例 9-3

精油是一个小类目，在淘宝上的销售并不高，而阿芙精油则在这个细分市场中做出了大成绩。连续多年在精油类目中保持销量第一。原因就是阿芙精油充分发挥了特色服务的力量，客服人员不仅24小时在线，还极具个性化，他们把客服分为"重口味""小清新""疯癫组""淑女组"等不同风格，以适应不同类型消费者需求。

除此之外，阿芙精油还会在包裹中放一些让人非常惊喜的赠品，如可以收藏，也可以送人的"2012"船票等。推出的一些服务也会让消费者眼前一亮，例如至尊包邮卡（一个卡状的4GB u盘），以及终生免邮服务等。阿芙设有"首席惊喜官"，不断研究消费者，设计消费者喜欢的环节和礼品。

（3）让服务更多样

服务多样是指要摆脱手段单一的局限，这也是未来提升服务质量的内在要求。现在有很多企业积极与互联网、移动互联网相结合，实现了多渠道、多手段、多方式的综合服务模式同时进行，与传统方式相比，更能满足消费者需求。

▼ 案例 9-4

如某酒店利用微信构建了一套完善的服务体系，大大满足了不同客人的服务需求。

如利用微信扫一扫实现售后服务的信息验证、维保索赔等业务。通过二维码、条形码的支持，可以对产品条码或者维保证书进行扫描。

利用朋友圈进行内容分享，设计交易后的回访和致谢内容，同时，添加激励措施，鼓励消费者进行朋友圈分享。

利用NFC技术的支持，实现与智能家电、物联网等的对接，实现智能的人机对话。

利用微信语音对讲功能实现了增值类服务，如人工语音的自助服务、拓展信息服务、转语音信箱服务/转电子邮件/OA系统服务、城市/企业秘书台等。

利用微信公众号自定义菜单、关键字回复功能，实现智能交互菜单。建立了类似于呼叫中心的IVR机制，从而让微信消费者服务可以实现更大比例的自助服务。如：业务咨询、费用查询、订单查询、业务受理状态查询等查询类业务，以及自助下单、交付和预约资源（座位、包厢、菜品）等预约类业务。

微信可以在公众平台上对好友进行分组，然后基于不同分组进行差异化的主动服务，可以实现一个简单的CRM功能。比如针对不同消费群体的业务提醒、促销通知、产品服务调查、消费交易后的回访、生日关怀等业务。

总之，经过对微信多功能的利用，该酒店实现了与用户的一对一交互。且这个交互是私密的、双向的，私密性确保了信息不被传播，双向性避免的是单向的推送，而更好地体现了企业与用户的平等对话。

在国货营销和推广过程中，服务是不可缺少的组成部分，一个被消费者认可的产品，首先必须要建立完善的服务。使消费者在购买的过程中能享受到专业的、全方位、周到的服务。有了完善的服务保障体系，才能稳固消费者的购买信心。

9.3 优质国货品牌 = 过硬产品 + 增值服务

服务不是产品的"添头"，而是不可分割的组成部分。它体现着品牌的特色，体现着品牌"以人为本，消费者至上"的理念。服务是品牌获得竞争力的软指标，做好服务品牌才能在市场竞争中生存下去。

品牌的竞争已经从过去产品力的单线竞争，变成了"产品+服务"的双线竞争。只有产品质量"顶呱呱"，服务不打折，才能赢得市场、占有市场。对于国货而言，不能只重视产品而忽略服务，但也不能矫枉过正，只搞服务，产品停滞不前。作为一个品牌，应该正确认识产品和服务的关系，认清两者对于品牌发展的作用，合理利用产品和服务，更好地为消费者服务。

▼ 案例 9-5

恒洁是一个国货卫浴品牌，其产品不仅有过硬的质量，还有贴心的服务。在抗击新冠肺炎疫情期间，为帮助每个家庭足不出户就能正常使用家居卫浴产品，恒洁集团组织专业力量，自2020年2月2日起面向全国所有家庭开通"恒洁在线-卫浴24小时远程排忧服务"。为全国广大消费者提供全天候卫浴产品售后免费咨询及远程"排忧"服务。

这项服务的推出既是恒洁社会责任感的体现，少出门、少接触，让病毒无路可传，这是作为国货品牌对社会最大的贡献，同时又可以提高大众对品牌的认知和好感。

产品与服务是相辅相成的关系，相互补充相互成就，具体体现在如图9-3所示的三个方面。

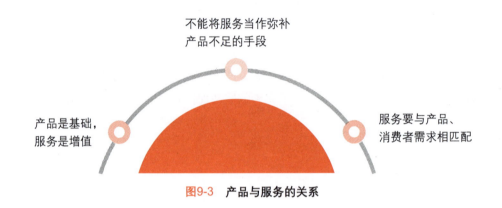

图9-3 产品与服务的关系

（1）产品是基础，服务是增值

这个道理其实很多人都懂得，没有产品，即使服务再好，对于消费者来说，也不具有吸引力。再好的服务者，也无法把肉卖给素食主义者。而再劣质的产品，只要有其独特的价值，能够满足消费者的需求，就能够实现成交。

很多情况下，只有销售了产品，才能提供相应的服务，而如果东西质量不过关，服务再好也没有消费者愿意接受。相比于服务，产品更能吸引消费者。

只有高质量的产品，才能更好地留存消费者；但优质的服务却是产品的一大亮点。在消费者选购产品时给予热情的微笑；当产品出现问题时，第一时间为消费者解决，将服务作为产品的增值项，才能在产品越来越同质化的当下，创造出差异和价值。

（2）不能将服务当作弥补产品不足的手段

很多企业觉得服务是弥补产品不足的手段，当产品存在瑕疵时，服务是能够有效挽回消费者的方法。但把服务定位于弥补产品不足导致顾客不满的手段，其实是非常可怕的想法。因为这样一来，强调服务、高举服务大旗的同时，就是默认产品质量不足，违背了产品才是战略中心的原则。

以宜家马尔姆抽屉柜为例，当产品本身存在无法弥补的问题时，宜家的售后服务再强大，也只能将所有柜子召回销毁。

在激烈的市场竞争中，主动承认产品不足，无疑是自毁长城。企业必须认识到，服务与产品之间不是一个相互提升价值的关系，两者必须区分开来。因为无论是产品，还是服务，都是在为顾客创造价值，两者不是互补关系，而是平行关系。企业管理者在强调服务是企业优势的时候，应该明白企业服务带给顾客的价值是什么？服务是否在替代产品发挥作用？服务是否在弥补产品的不足？

企业应该明白，服务不是弥补产品不足的手段，产品的价值须由产品自己来解决，服务能够带来的应该是一个增值的部分，如果服务没有增值，服务就没有意义。

（3）服务要与产品、消费者需求相匹配

国货依靠产品+服务来经营的不在少数，但是在服务上的努力并没有给企业带来预期的结果，反而拉高了顾客的期望，企业也为此支付了更高的成本，可是到头来顾客还是不满意。

为什么？原因其实很简单，因为所提供的服务并不是消费者想要的，或者说是与产品不配套，无法为用户带来真正的增值。所以用户的满意度低。对于企业来说，产品和服务都应该能够给消费者创造价值。

9.4 一站式服务：售前、售中、售后全流程服务

广义上的服务包括三个阶段——售前、售中、售后。常规上的理解只指售后服务，其实这是一个误区，当前，由于市场环境的需求，大部分经营者只是将售后服务放到特别突出的位置，而忽略了销售中和售前的服务问题。其实，售后服务只是服务工作中的一种形式，很多时候售前、售中服务更重要。

因此，国货品牌在完善服务时要三者兼顾，千万不可顾此失彼，有所偏颇。

（1）做好"售前"服务

售前服务的内容多种多样，主要包括：调查消费者信息，进行市场预测，提供咨询、接受电话预订等。那么什么是售前服务呢？概括起来通常是指在产品销售前或者消费者未接触前进行的一系列与产品宣传、刺激消费者购买欲望有关的工作。

售前服务是正式展开销售前一系列辅助性的工作，主要是为了协助消费者做好需求分析和系统引导，使得产品能够最大限度地满足市场和消费者的需要。其核心可用三句话概括："提供市场情报，做好服务决策"；"突出产品特色，拓展销售渠道"；"解答消费者疑问，引发消费者需求"。

为了更好地做好售前服务，企业经营者或是市场人员、销售人员，需要以市场信息、消费者需求为前提，严格按照流程进行，售前服务制订流程详见如图9-4所示。

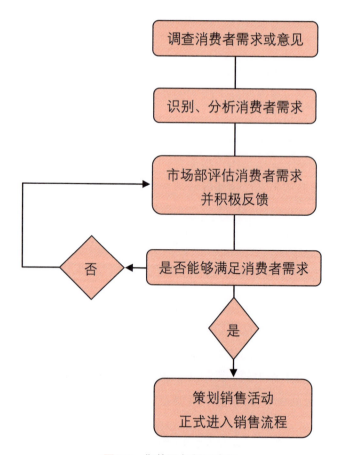

图9-4　售前服务制订流程

（2）做好"售中"服务

售中服务，顾名思义是指在产品销售过程中、在推销现场为消费者提供的相关服务。具体包括：与消费者进行充分沟通，深入了解消费者的需求，协助消费者选购最合适的产品，以及解决消费者在购买过程中遇到的困惑、问题等。

从这个角度来看，售中服务的过程就是销售的过程，围绕着销售机会的产生、销售控制和跟踪、价值交付等一个完整销售周期而展开。相当于是为消费者提供最合适的购买方案，这需要企业经营者、销售人员有一定的过程管理能力，使消费者在购买过程中有享受感，从而融洽与消费者的关系，增强消费者的购买决心。

结合售中服务的概念和意义，经过总结，可以发现服务包括以下四方面的内容：①与消费者深入交谈。②了解消费者需求。③化解消费者异议。④向消费者介绍最满意的产品。

（3）做好"售后"服务

对于售后服务，大家是最熟悉的，也是关注最多的一个环节。售后服务是指在产品卖出去之后，商家根据实际开展的一些后续工作，比如，民意调查活动，听取消费者对促销产品的使用情况，以及消费者对促销有哪些改进意见等。

售后服务的内容和形式多种多样，关于售后服务的内容大部分都清楚，主要体现在以下四个方面：①实行、兑现"三包"，包修、包换、包退，或者购买时其他相关服务协议。②征集和处理消费者来信、来访等投诉意见，解答消费者的咨询。③根据消费者要求，进行有关使用等方面的技术指导。④负责产品的维修服务，并提供定期维护、定期保养。

同时，值得注意的是，售后服务不但要虚心接受消费者的投诉，还要主动提供服务。因此售后服务的形式要多样化、灵活化。比如，网站民意调查、定期跟踪回访等。事后开展售后活动，有助于拉近企业与消费者之间的情感距离，有助于更好地制订营销计划，进而保证企业更好地发展下去。

服务作为爆品销售中一项重要的辅助活动，并不是孤立的一点，而是一系列工作，在不同的阶段以不同的优势来带动销售，以最大限度地满足消费者需求。

9.5 反馈服务：及时收集用户的产品使用意见

当产品到达用户手中后，必须跟踪产品在用户那里的使用情况，收集用户反馈信息，通过进一步服务，提升用户满意度。

那么，如何做好用户的反馈收集工作呢？需要做好如图9-5所示的三个要点。

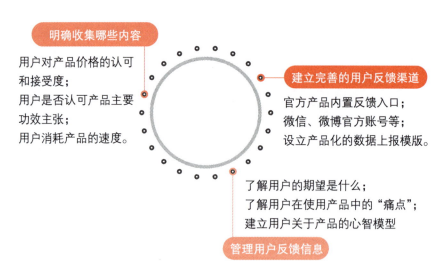

图9-5 做好用户反馈收集工作的三个要点

（1）明确收集哪些内容

在收集用户对产品的反馈时，重在确定以下三点内容。①用户对产品价格的认可和接受度。②用户是否认可产品主要功效主张（也就是说，有没有效果？如果有效果，要想尽一切办法让消费者主动分享你的产品）。③用户消耗产品的速度。

通过以上三点，就会很轻易地知道用户是否会复购，以及在影响用户复购的因素中，是阻力大还是推力大，以及如何调整产品策略。

（2）建立完善的用户反馈渠道

建立收集用户反馈的方法相当于建立一套情报侦查系统，对于国货企业而言，在这方面可能相对弱一点，但要真正做到服务好消费者，每个产品团队都必须建立自己的反馈渠道。在互联网时代，要做到这点还是相对容易的。

常见的有以下三个途径。

①官方产品内置反馈入口。例如反馈邮箱和反馈的网站地址。

②微信、微博官方账号等。为用户提供一个可以吐槽和反馈的地方。很多时候，对于用户来说，留下一个邮箱地址反馈产品内容远远不如在微博上吐槽来得容易。如何通过有效的方法把这些内容按照标签聚合起来是一件难事。产品运营每天60%的心力耗费在这些地方，其实是一件投入产出比很低的事情。

③设立产品化的数据上报模版，以便随时了解到用户没有上报的信息。

其中第三点最有必要，也是最核心的，但是许多团队都很缺乏这样一个用户反馈平台。QQ团队就有一个叫"用户之声"的平台。该平台集成了大部分用户反馈渠道，品牌方产品经理可以非常便捷、及时地查看到用户的反馈信息，也可以根据时间和关键词进行搜索查找，方便根据处理反馈并根据反馈寻找问题。

这种集成平台非常适合大团队使用，在日常处理用户反馈过程中比较省时省力，而且为产品优化和问题查找提供了基本的数据，方便查看特定时期的特定功能和用户的反馈趋势，可以及时发现问题，避免扩大负面影响。

（3）管理用户反馈信息

不仅需要提供反馈渠道，还需要对于用户的反馈信息进行管理。没有进行管理的信息毫无价值，如果把用户反馈进行简单的分类和统计，沉淀下来的这些信息可以提供最有价值的一面。

假如，需要观察某产品周期内用户和市场的态度。通过对反馈信息的分析，如果发现在一个月内，用户对于×××功能的反馈比较明显，则可以查看早期的版本是否有类似的问题，然后再判断这个问题的性质是属于"需要适应，暂时不接受"还是"体验不通过，完全不接受"。

通过对用户反馈信息的分析，可以明确以下三个问题。

①了解用户的期望是什么，哪些期望在产品中得到了满足，哪些没有被满足。

②了解用户在使用产品中的"痛点"，即最困扰用户使用产品的问题是什么。

③从用户的角度去理解产品，从而建立用户关于产品的心智模型。

第10章 实例解析：典型国货品牌经营管理实战

10.1 花西子：逆袭爆发成为彩妆头部品牌

提到美妆品牌，很多人一定能想到花西子。它是一个成立于2017年3月的新品牌，同年8月入住天猫，开通旗舰店。但在两年后的2019年就快速出圈，销售量高达近20亿，令人惊奇的是，从此之后它的销量一直居高不下，而且强势增长的趋势不减。

花西子的这种现象，引发了业界人士的深刻反思，到底是什么样的增长策略让一个新品牌获得如此快速、稳步的增长？

根据现有的资料，可以总结出如图10-1所示的五个影响因素。

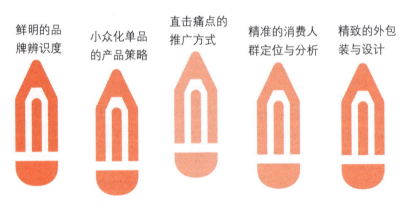

图10-1 花西子快速、稳定发展的五个影响因素

（1）鲜明的品牌辨识度

打造鲜明的品牌辨识度最主要的是做好品牌建设，讲好品牌故事。花西子是新消费品牌里将"品"和"效"结合得最好的品牌之一，既塑造了品牌的形象，又取得了销量。

"东方彩妆，以花养妆"是花西子品牌的定位，花代表了"以花养妆"的精髓，西子则取自苏东坡"欲把西湖比西子，淡妆浓抹总相宜"的诗句。这里的巧妙之处就在于，将杭州和彩妆两大要素综合地融了进去，突出品牌东方古典美特色。

花西子一开始就抓住了东方美学这条线，打国民荣誉感和情怀这张牌，致力于"东方美学彩妆品牌"品牌建设和文化价值塑造，如图10-2所示。

后期的产品形态、品牌故事、周边都立足和扎根东方彩妆，并以此提高整体品牌溢价。比如，2017年刚上线的时候，就在打这个点，并在产品概念和展现形式上做到"东方彩妆，以花养妆"的统一定位。

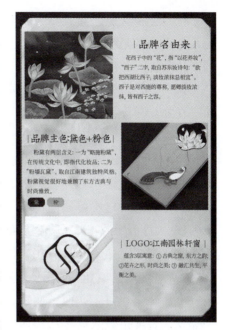

图10-2　花子西品牌定位的品牌故事

（2）小众化单品的产品策略

花西子在产品策略的定位上也有自己的特色，它没有像其他品牌一样，扎堆做主流彩妆品类，而是选择了一个非常小而且空白的品类：空气散粉。

花西子将空气散粉作为自己的拳头产品，并集中人力、财力打造成爆品。尽管后来也在不断延长自己的产品线，陆续推出三角眉笔、蚕丝蜜粉饼、雕花口红等多种品类，但撑起销售额的始终是空气蜜粉，据有关数据显示近50%的销售额都来自这款爆品。

花西子为什么情有独钟空气散粉呢？原因就是这类产品复购率比较高，价格可调整空间比较大。同类竞品走的是高价策略，如Givenchy、Nars和Make up for ever主打300元以上产品，花西子将价格拉到150～300元的价格中低档，把散粉从小众品类科普成人人皆知的品类，吸引了更大范围的群体。

（3）直击痛点的推广方式

抖音、小红书等内容平台的崛起给了美妆小品牌机会。从渠道来看，此前小品牌根本进不去主流营销渠道，而随着传播渠道日益新媒体化，小品牌也能和大品牌进入同一量级的渠道。

花西子在这点上与大多数品牌相差无几，不同的是花西子形成了自己独有的产品投放策略。

第一步是与李佳琦的深度合作。花西子在2017年就已经与其有交集，当时双方互相转发微博。双方的深度合作是从2019年开始的，3月，李佳琦开始正式推花西子的空气散粉，接着花西子就开始用李佳琦的素材不停地推花西子的几个爆款。4月上新的花西子爆款雕花口红就在此列。9月，花西子官宣了李佳琦为首席推荐官，这里对应的花西子也冲上了一个高峰。11月，花西子迎来了双十一爆发，百度指数数据显示2019年"双十一"活动期间达到最高值，整体同比增速更是高达420%。当然这与大功臣李佳琦也有关，双十一是拔草理论，前面的草种得有多浓密，后面拔得高峰就有多高。

第二步是打造账号矩阵。花西子除了与李佳琦这样的知名KOL合作外，还

图10-3　花西子抖音带货视频

与明星、头部达人、腰部达人、初级达人，甚至素人合作。分布如此之广的选择，使得能够看到花西子推广视频的粉丝在数量、质量、分类上远超其他品牌。根据相关数据，截至2021年10月，抖音平台共有1516个账号曾为花西子带货，视频总量高达2888支，总浏览量超过9000万，如图10-3所示。花西子通过矩阵化的营销打法和多维度的推广，达到了品牌宣传和带货的目的，增加了曝光机会。

（4）精准的消费人群定位与分析

花西子成为全民品牌的第三个原因是精准的消费人群定位。再好的产品，没有消费群体来支撑也是零。

花西子的目标消费群体是90后、95后人群。90后、95后是未来10年内的主

力消费人群，他们乐于尝鲜，强调个体价值，以"颜值消费"、彰显个性和悦己为消费动机，消费分级现象越来越明显。

花西子紧跟这一人群的审美需求，这样再小众的消费习惯，往下挖掘都会是一个巨型隐秘王国。

（5）精致的外包装与设计

花西子成为黑马的最后一个原因是国风外包装。早期花西子强调出水芙蓉般的优雅，后期主打东方韵味的国风潮流。在变换包装的过程中，花西子不断融合各类新元素，挖掘传统工艺，将雕花、浮雕等国风元素融入包装，甚至是产品中，极能够打动拥有超强品牌传播和种草能力的"Z世代"群体。

在美妆行业逐步饱和的市场环境中，花西子能够在这片红海市场上站稳脚跟实属不易。鲜明的品牌辨识度、小众化单品的产品策略、直击痛点的推广方式、精准的消费人群定位与分析、精致的外包装与设计都是其脱颖而出的要素。

10.2 回力：顺应潮流重新焕发飞跃精神

回力是一个老牌运动鞋国货品牌，创建于1927年，由上海华谊（集团）公司全额投资。凭借着舒服、好看、易搭、结实耐用等优点，一举成了国民级球鞋。白面红标的经典款更是引领来了70后、80后对流行和时尚的最初感知，一度成为国内运动鞋类的奢侈品。

但到了20世纪90年代，随着国外体育品牌涌入中国市场，以及国内新兴运动品牌的崛起，回力辉煌不再，消费者关于回力鞋的记忆也被封存起来。

进入新世纪，回力一直谋求从颓势中复苏，2000年华谊集团对回力公司实施重组整合，用市场化、法制化、国际化的经营理念全力打造全新国货品牌。同时，顺应时代潮流趋势，借着国货热潮重新走进大众视野，让新一代的年轻人重新认识回力。

被年轻人喜欢，标志着回力逐渐走向复苏之路。回力的复苏，秘诀不在于质量、品牌，质量、品牌与之前相差无几，关键在于搭上了时尚潮流的顺风车。

回力在追求时尚潮流之路上，重点做了如图10-4所示的三方面的工作。

图10-4 回力在追求时尚潮流之路上所做的三方面重点工作

（1）符合市场潮流的新颖设计

近几年流行复古风，时尚圈的这股复古风潮，还刮到了老牌国货回力身上。回力在搭界时尚上，很重要的一步就是设计。新的设计是回力鞋晋身潮牌的一个重要因素，层出不穷的创新设计，不断以情怀直击青年消费群体。

回力寓意"回天之力"，1934年，首次在上海《申报》上刊登征集品牌名字，浙江美术专科学校的袁树森设计出"WARRIOR"商标和一个弯弓搭箭的古希腊勇士形象"中标"。"WARRIOR"被译成"回力"，"中标"演变为鞋上的经典图案。

回力在此次国潮中，打造的第一爆款就是对品牌名称和形象的创新，如图10-5所示是新款"回天之力"运动鞋。

图10-5 回力的"回天之力"款运动鞋

这款鞋鞋尾加入汉字元素，将"回天之力"进行拆分，鞋头以"zuo""you"进行区分，鞋侧印有"硫化胶底"，既显示出鞋底的材质，又毫无违和感。这款鞋是对老款"回力"经典款的一次颠覆，它在基础款重新解构的基础上增加了潮流元素。

以同样的思路设计出的另一个爆款是麻将鞋。这款鞋是对经典款WB-1型的改造，WB-1型是老回力时代曾风靡全国的一款篮球鞋。新款只保留了基础版型，其他诸如创意、用料、配色全部推翻重做。一个核心的创意是鞋尾的麻将图案，这是设计师将麻将元素赋予到设计中了，因此，在这款鞋上可以看到白板、幺鸡、发财、二筒这些经典图案，寓意着财源滚滚；鞋后跟用了漆皮，和麻将牌反光剔透的特性呼应；鞋底的绿色对应着麻将牌背部的绿色，鞋面的象牙白对应着牌身——这样，整双鞋看上去也像一张麻将牌。

麻将鞋将经典与时尚结合，一经推出就成为爆款，线上月销量一度超万双。

（2）全力打通的电商营销渠道

为了打造国潮新品牌，回力早在2016年就启动了品牌升级战略，7月16日宣布以终端直供+电商平台"双轮驱动"的新模式。公开数据显示，仅在2016年，回力在电商渠道的销售额就突破了亿元，线上门店也成为回力全球销量最大的单店。

当抖音平台兴起后，回力官方也第一时间入驻抖音平台，旗下各大经销商也纷纷开设了抖音小店，通过抖音平台直播带货。越来越多的年轻人开始通过抖音和短视频认识了回力小白鞋，愿意为这股复古的新潮买单。

回力做抖音不仅仅是卖货，同时输出创意内容。每一场直播都会根据主推产品的特点和调性，提前规划直播主题和脚本。直播的同时，运营人员时刻盯着后台实时直播数据，根据流量趋势、成交密度和互动情况，及时调整直播策略、主播话术。与单纯以卖货为目的的直播不同，回力更想传达的是老品牌的年轻心态。

与传统电商渠道不同，抖音电商更注重内容，消费者去抖音不是抱着买东西的目的，而是看内容。回力很好地抓住了这一点，所有运营都围绕着内容展开。比如，在发布回力鞋款视频时，尝试带上"穿搭"的话题，如图10-6所示；再比如，抖音上的情景短剧很火热，回力短视频也开始尝试做情景短剧，将鞋营销包装进去，让模特穿着回力小白鞋，销售数据果然就上来了。

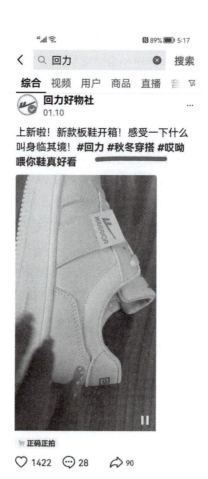

图10-6 回力视频中的"穿搭"话题

（3）紧跟消费者的反馈意见

回力在展示产品时既包括向外展示，也包括向内反馈消费者的意见。运营团队会定期整理各个渠道、平台的数据，提供给设计部门，设计部门再带着设计师们进行复盘和分析，决定下一个阶段鞋的研发方向和策划方案。在大数据的助力下，更多的回力鞋成了爆款。

例如，源自抖音的一款葱鸭款的鞋，这款鞋鞋身用纯白色打底，鞋后跟左右两边分别用橙黄色和浅绿色绣上"冲鸭"和"葱鸭"字样，鞋带部分还坠着几个头顶大葱的鸭子标志。上线仅仅两个月，就冲到了店铺销量冠军的位置。

这款鞋灵感来自那段时间火遍抖音的"冲鸭"梗，当时这个梗的热度非常高。图案是由一位年轻的擅长动漫风格绘画的二次元少女，最后设计图出来大家一致觉得非常可爱。从评论看，这份"可爱"很好地传达到了消费者那里。

再例如,同样是经典WB-1型的另一个创新款:带有中国风元素——火锅的一款鞋。这款鞋印有火、筷子和铜锅元素。鞋身设计了红色、绿色和红白撞色——分别对应着麻辣、清汤和鸳鸯火锅。

这款鞋上市正值冬日,目的是照顾到不同吃货的口味,有网友在回力抖音官方号下留言:"穿上这双鞋会不会每天都想吃火锅?"这正是设计师们想要看到的效果。每天都会关注消费者动向,潮流资讯,会把符合回力特色的潮流元素加入新鞋款式的设计中,但是加入潮流元素并不意味着一味地跟随,而是设计出下一双前所未有的同时又是消费者愿意穿的款式。

10.3 永璞咖啡:凭什么成为"办公室新宠"

喝咖啡已经成为一种时尚,过去很多人钟情星巴克,而现在已经被一个国货品牌取代,那就是永璞咖啡。这是成立于2014年的新锐咖啡品牌,永璞取自创始人侯永璞的本名。这个以创始人名字命名的品牌,起初并未引起市场和消费者的关注,直到在咖啡领域摸爬滚打3年多,也就是2017年底推出第一款便携冷萃咖啡液后,才有关注度。

2020年双十一期间,其主打产品咖啡液销量已经跃居天猫首位,在同品类中排名TOP1,卖出435万杯。永璞咖啡之所以能后来者居上,是有多方面深层原因的,归纳起来主要有如图10-7所示的五个方面。

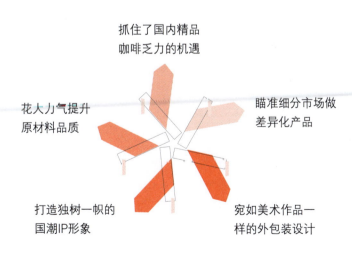

图10-7 永璞咖啡后来者居上的五个原因

（1）抓住了国内精品咖啡乏力的机遇

一个品牌要想获得市场认可，首先是市场急需的，如果能填补市场在该领域的空白，那么发展前景更大。

近几年，咖啡市场异常活跃，人们越来越爱喝咖啡，无论是在家里还是在办公室或是各种社交场合，人们都在品着咖啡，它逐渐与时尚、现代生活联系在一起。

新消费时代下的中国，正在重构咖啡市场格局。有资料显示，与全球平均2%的增速相比，中国的咖啡消费正在以每年15%的惊人速度增长。预计到2025年，中国将成长为1万亿元的巨型咖啡消费帝国。

而国内大陆品牌很少，根据市场调查，90%以上的咖啡品牌都是进口品牌，包括星巴克、雀巢、蓝山、意利等知名品牌在内。而且大品牌大资本为市场培育了用户，细分市场的用户并没有被充分满足，这成为国货新品牌爆发的机会。永璞咖啡的出现，可以说是填补了国内市场这一领域的空白，再加上更符合普通人需求的优势，2020年表现突出，像一匹冲出重围的黑马，格外耀眼。

（2）瞄准细分市场做差异化产品

据天猫数据显示，这期间咖啡类目搜索量增长80%，销量增长50%～60%，实现了超100%的增长。其中，增速最快的是"精品速溶品类"，几乎是新国货品牌的天下，销售同比增长超1000%。

从数据中发现，"精品速溶品类"成为最大的需求。永璞咖啡就是瞄准精品速溶咖啡市场，其实包括三顿半在内新国货品牌都是在做这个品牌，冻干咖啡、便携咖啡液。把精品咖啡豆做成了咖啡液或者冻干粉，装到一个便携包装中，想喝的时候，倒出来加上水或者奶，就可以快速享受到与手冲咖啡近似的品质和口感。但并不需要像一般做精品咖啡那么烦琐，经历磨豆、冲泡的过程，用磨豆机、滤纸、滴漏杯、手冲壶等专业工具。

速溶品类咖啡，实际还是围绕解决喝咖啡的"性价比"。咖啡赛道的消费升级，也是在多个价格梯度内的产品创新。对于普通用户而言，每天喝几次30多元的咖啡，价格有些贵。而一杯7～8元的速溶咖啡，还可以DIY，价格低于现磨咖啡，口感好过普通速溶咖啡，何乐而不为？确确实实解决了一大部分消费者的痛点。

（3）宛如美术作品一样的外包装设计

永璞就像一家被咖啡产品耽误的"精品创意公司"，如果你熟悉他们的产品，就像欣赏一幅幅美术作品，单从颜值上就能抓住消费兴趣点。

在永璞咖啡品牌的逻辑里，"纯粹的好产品+高度的美学价值"是基本盘。这与创始人设计专业的出身有关，毕业于中国美院的设计专业，赋予了品牌更多美学意义上的东西。这也是为什么永璞咖啡在产品外观上具有高颜值、设计感强、十分富有创意特点的原因。例如，在主推系列咖啡的设计上，大胆而前卫，采用飞碟、星球、机器人、未来科技等元素，打造出一款款具有宇宙观的咖啡品牌。

以飞碟为例，永璞咖啡在设计上运用飞碟元素是最多的，如图10-8所示为咖啡灰碟包外包装设计。

灰碟包是永璞推出的一款带有滤泡包的最新咖啡产品，在视觉呈现和包装设计上都是以"飞碟"作为创意点。"碟翼"作为滤泡包的"包托"，撑在杯缘之上，而"碟身"则同时作为咖啡粉的承载体和过滤网，整体设计非常便于冲泡。

图10-8 咖啡灰碟包飞碟元素的外包装设计

如图10-9所示为永璞小飞碟造型咖啡。

小飞碟造型是永璞咖啡里最广为人知的一款了，小巧精致，与三顿半等小咖啡杯造型区别开来。同时，这款冻干咖啡的联名也十分广泛，在包装和口味上总能给消费者们带来新鲜感和美的享受。

图10-9 永璞小飞碟造型咖啡

此外，小飞碟还延伸出诸多联名款，诸如，小飞碟&梵高博物馆、小飞碟&乔杉等。永璞咖啡用重构的审美观，颠覆了受众对咖啡的传统认知，这种审美主义在永璞身上随处可见。

（4）打造独树一帜的国潮IP形象

一个品牌要想脱颖而出，深深地印进用户的头脑中，必须打造一个独树一帜的IP形象。永璞咖啡的IP形象是"石端正"，这个名字听起来有些特别却是十分经典的形象，由我国传统文化中最经典的形象：守护神——石狮子幻化而成。

这一形象来源于永璞团队的头脑风暴，是非常具有中国特色的。更难能可贵的是，国内几乎没有品牌用石狮子这一元素，因此"石端正"的出世显得十分具有独创性。

永璞创始人说：对于国货而言，IP形象一定要有中国特色，但大多数品牌都爱用龙凤呈祥之类，比较常见，觉得缺少个性。而且现在大家都在做国潮元素，而潮流是流动的，很容易过气。我不希望只是一些符号堆积，而是真正能打动用户，并拥有生命力的。

事实证明"石端正"的IP形象确实效果也挺好，很多用户都是通过这只石狮子记住了永璞。

（5）花大力气提升原材料品质

尽管永璞咖啡颜值很高，圈了不少粉丝，但好的创意还需要搭配好的内核，真正能留住人心的还是产品品质。

那么，永璞咖啡是如何保证咖啡品质的呢？即打造自己的咖啡庄园。

据说，永璞咖啡初期基本上是零推广，将"省"下来的钱应用到了供应链上，2019年永璞在牙买加蓝山购入了属于自己的蓝山咖啡庄园，2020年推出第一款蓝山冷萃液后，上线61天便达到了46%的复购率。这无疑是消费者对于咖啡品质的认可。

尽管咖啡是舶来品，但并不代表本土的咖啡品牌就没有出路，关键还是品质。

10.4 佩妮6+1：向传统品牌学习，做宽做长赛道

国内高端宠物食品大多依赖进口，而国货品牌大部分集中在中低档，爱宠人士往往为保证爱宠的健康，不得不选择价格颇高的进口宠物食品。同时，2017年猫狗宠物消费经历了爆发式的增长，其中最大的部分便是宠物食品与宠

物医疗。佩妮6+1正是面临这样的市场现状和迫切需求，于2018年5月应运而生。

佩妮6+1缘何能取得如此巨大的发展呢？有如图10-10所示的5个原因。

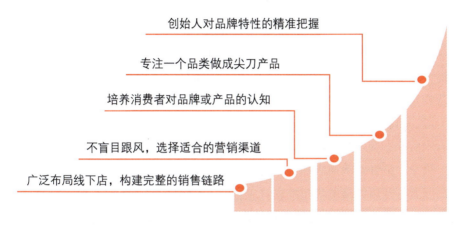

图10-10　佩妮6+1取得巨大发展的5个原因

（1）创始人对品牌特性的精准把握

佩妮6+1创始人冯继超是商场中的"老兵"，这个名字也许很多人不太熟悉，但他在近20年时间里创立的多个品牌一定是深入人心，深得国人熟识。例如E人E本、好记星、背背佳、8848手机、小罐茶。

作为一名成功的连续创业者，不仅对品牌的成功方法如数家珍，而且对一个新市场的兴起和把握也有着自己完整的思考思路。

（2）专注一个品类做成尖刀产品

长期以来，很多品牌都是横向发展产品线，希望产品能尽量覆盖每个品类，其实这样的布局是很难形成品牌力的。对于新兴的宠物食品市场而言，也是同样的道理，虽然有销量相对较高的产品，但没有足够专业化的品牌。

佩妮6+1主打套餐猫罐头，首提"宠物配餐"产品概念，创始人冯继超又是特别善于打造单一品类的品牌高手。早期的品牌无论"E人E本""好记星"还是后来的"小罐茶"，都是这样的路径。这次也一样，以单一品类的深耕作为品牌的头阵，在佩妮6+1的商品列表中，只有化毛膏、磨牙棒等个别几个周边品类，其余的投放完全集中在猫狗罐头上，用他自己的话说，这也是在塑造一个品牌"专业性强"的形象。

（3）培养消费者对品牌或产品的认知

当下市场，一个主要缺陷是体现在消费者认知上的，即消费者对品牌或产品的认知不够。因此，佩妮6+1将思考重点之一放在了针对消费者的指导和培养上，他们采用了一个非常巧的办法：根据场景拓展SKU，打造专属专用的差异化产品，用产品标签降低消费者的选择成本。

在具体拓展时，第一是扩品。佩妮6+1产品总体思路是以尊重动物本能为前提，尽量去满足宠物身体机能所需的营养物质，以肉为原料，并添加各种微量营养元素。同时，也推出针对特殊需求的功能性罐头。将宠物的生长分为不同阶段，再根据不同阶段推出不同需求的产品，如3个月内的幼猫、成年猫、产后术后性、调理肠胃用和训练奖励性的零食等品类。

第二，是针对电商店铺，在商品列表中把相对应的使用场景写在标题中，让消费者打开店铺就能快速找到对应自己宠物所需要的商品。通过不断地拓展场景化品类，久而久之消费者就可以在店铺内完成整个生命周期所需的一切消费。

佩妮6+1这样做有利于引导消费者做选择。总之，只有把产品按照需求分门别类地排列好，让消费者可以用最低的思考和学习成本来做选择，才能培养最高度的用户黏性。

在更长远的谋划上，未来佩妮6+1还通过完善更广泛的会员服务，为产品服务全程设计好整套的营养配给，便于消费者在宠物的每一个阶段都买到最适合的产品。SKU的本质永远是帮助消费者做最合适的选择。

（4）不盲目跟风，选择适合的营销渠道

佩妮6+1虽是在最新的环境中诞生的，但与一些新兴品牌不相同。新兴品牌大多数采用DTC、私域化流量等运营方式，一方面可以降低经销成本和广告的投放成本，还可以最大限度地追求与消费者的直接沟通。佩妮6+1没有盲目跟风，在营销渠道上仍有传统营销的影子。比如，依靠传统媒体宣发、经销和加盟门店等占据的比例仍然很大。

当然，这并不意味着佩妮6+1排斥新型渠道，他们围绕新媒体、会员制系统和社群运营建立了自己的私域空间。佩妮6+1之所以将侧重点放在传统渠道商，完全是结合猫粮这样的特殊产品，以及目标受众的特点而定的。

以佩妮6+1在品牌发展初期大量投放楼宇、电梯、地铁广告为例。

这是因为新兴的养宠人群更多集中在都市社区，其中年轻群体居多，这类

人群每天工作的地点都是遍布城区的写字楼。他们每天接触到的媒介，最多的可能就是电梯和地铁。于是2019年，佩妮6+1在传播上首先选择的是与分众传媒建立合作，大量针对地铁和电梯投放户外广告，目的就是在目标人群聚集的区域形成规模化的传播效应，这对于佩妮6+1在品牌发展初期的扩散起到了至关重要的作用。

（5）广泛布局线下店，构建完整的销售链路

与以往的创业模式不同，宠物食品具有高频、快消的属性，这样的产品要打开销路就必须要做到尽量多地建立传播节点，以占据消费者的注意力，这就意味着产品应当出现在消费者生活的每一个场景中，那么仅仅耕耘线上渠道是远远不够的，于是佩妮6+1在整体布局中也重点关注到线下店的发展。

佩妮6+1把目光投向了经销与加盟商，充分利用2019年3月举办的京宠展，推广"百城万店"计划，在整个2019年，佩妮6+1在线下渠道快速铺开，入驻全国40多个城市，建立了15000家左右的线下门店，同时寻求与超市、宠物医院、宠物店等周边性终端建立合作，2020年已经取得与3000余家连锁超市、10000多家宠物门店和连锁医院的渠道合作。

为占领消费者对于这个品类的第一印象，核心的思路就是令产品"随处可得"，实现全渠道的无缝覆盖。

10.5 睡眠博士：创新深耕产品，打造品牌矩阵

随着工作学习生活等各方面节奏的加快，当今很多人面临不同程度的睡眠问题。据统计，约30%的人有睡眠障碍。可见，健康睡眠的需求迫在眉睫，与之相匹配的，健康睡眠产业发展势头也更加迅猛。

ASMR、睡前冥想、调整呼吸、香薰……这都是很多人解决睡眠难问题的常用方法，但实际效果大多差强人意。那么，到底如何更科学地解决睡眠问题？睡眠博士给出了答案。睡眠博士是一个科学健康睡眠的国货品牌，深耕行业14载，已经成为消费者心中首选的寝居品牌，长年稳居天猫、京东等电商平台的枕芯品类TOP1。

那么，睡眠博士是如何做到的呢？主要有如图10-11所示的3个原因。

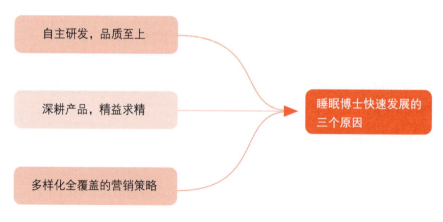

图10-11 睡眠博士快速发展的3个原因

（1）自主研发，品质至上

睡眠博士秉持着改善人类睡眠，为消费者提供健康、舒适睡眠生活体验的理念，自主研发产品，目的是打造全方位科学睡眠新生态。

科学睡眠理念一经市场发酵，立刻引发众多品牌跟风，但睡眠博士始终未被超越。主要原因就是原料的选择，睡眠博士在原料的选择上，严格精选，坚持使用上等乳胶，产地直采，保证乳胶质量，开创了乳胶枕行业的新方向。

如图10-12所示为睡眠博士某产品原材料宣传文案。

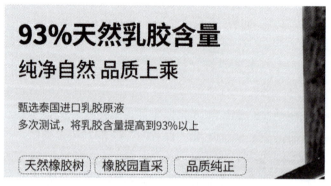

图10-12 睡眠博士某产品原材料宣传文案

（2）深耕产品，精益求精

睡眠博士针对不同人群、不同场景延伸出了多场景科学睡眠寝具产品，比如，乳胶枕头，记忆枕头、床垫、睡眠监测器、香薰助眠灯等产品。涵盖家居、办公、休闲等多个场景；适用于白领、孕妇、大学生等人群。真正做到为消费者提供一个全方位的、科学健康的睡眠解决方案，使得睡眠博士成为科学睡眠寝具品类领导者。

在拥有完善的产品线的同时，睡眠博士还坚持技术创新，深耕睡眠领域，在产品上精益求精。比如，自主研发的蝶形枕，蝶形设计稳固睡姿，保证颈部得到有力支撑，并且在人机工程学的理论支撑下，给颈部更加科学的弧度，保证颈部的健康。同时，采用太空慢回弹记忆棉材质，能在3～5秒慢回弹，给颈部有力的缓冲，如图10-13所示。

图10-13　睡眠博士的弹记忆棉材质特点

但睡眠博士绝不仅满足于此，先后对产品更新了三代，到第三代将材质更新为恒温零度棉材质，更是兼具乳胶枕与记忆枕的优点，15D密度太空记忆棉，为高达5～6年的使用年限提供保障，新型MDI发泡技艺，在舒适度、柔软性方面大大提升。

睡眠博士精益求精的态度，延伸到产品生产的每个环节。

（3）多样化全覆盖的营销策略

营销与产品同等重要，如果没有好的营销策略，再好的产品也会被消费者遗忘。而真正过硬的产品搭配好的营销，销量自然会水到渠成。

为顺应时代发展，睡眠博士在多品牌矩阵、渠道矩阵、产品矩阵等多方面共同发力，颠覆常规，打造一个与市场、用户相匹配的营销渠道。

比如创建小红书官方账号，日常更新一些与睡眠息息相关的健康小知识。

打开小红书，在搜索框输入"睡眠博士"可以看到有数千篇笔记。集中含有"睡眠博士乳胶枕""睡眠博士枕头""睡眠博士床垫"和"睡眠博士记忆枕"等众多产品关键词。

再比如，与音频媒体合作，做一些专题活动。2020年"618"品牌推广活动中，睡眠博士联合杭州4家主流电台媒体，FM91.8杭州交通经济广播、FM93浙江交通之声、FM96.8浙江音乐调频、FM104.5旅游之声，针对加班、熬夜族做专题活动。并在周一至周五，每天分别在早、中、晚轮番播放，多达652次。

通过创新营销，完善线上化平台工具、营销推广链路，以全新的营销打法和更多元的消费场景，引爆话题，积蓄流量，并有效促成销售转化。

除此之外，为适应更多年轻用户的需求，睡眠博士玩转IP联名，与《长相守》《我是你的蓝朋友》等热门综艺节目联名，C位出圈。并且充分利用新生代人群碎片化阅读、抖音短视频等习惯性触媒，以强效的音乐、娱乐文化渗透形成消费者对品牌在理念上的高度认同，以传播和营销创新引发情感共鸣，成功打造不一样的微信公众号和抖音号，将图文和视频的优势完美结合，受到不少睡眠博士粉丝的喜欢。

比如，睡眠博士在老罗直播间一上架就迅速吸引二百多万粉丝目光，开卖不到半小时即售罄，如图10-14所示。不止老罗推荐过睡眠博士的产品，不少大牌网红主播甚至明星直播间也上架过睡眠博士的多款产品。

睡眠博士凭借着颠覆式营销策略，建立了品牌矩阵、渠道矩阵、产品矩阵，为更多消费者送去优质产品，让更多人实现"一夜好眠"的梦想。

图10-14　老罗直播间推荐睡眠博士

10.6 90分旅行箱：引领时尚，专注年轻人市场

随着人们生活品质的逐步提高，出行需求消费大升级，很多人，尤其是年轻人对出行产品的要求进一步提高。不仅仅具有基础功能，还要功能更强大、有颜值、有个性。旅行箱作为出行必备，在出行中充当着一个重要且必不可少的角色，选择一个好的箱包能为旅行增色不少。

90分就是这样一个品牌，而且还是国货中的佼佼者。脱胎于小米生态链成员润米科技旗下，以"轻松出行"为切入点的生活方式品牌，不仅有旅行箱，还有包袋、服饰和鞋帽等产品。

箱包品类是90分品牌的内核及流量来源，这里重点谈旅行箱，这款源自当下年轻人的生活态度，倡导"轻趣美好，活力质感"的生活方式品牌，已经成长为国内旅行箱第一品牌，在2018～2019年年度销量已经超越新秀丽。

90分旅行箱在国潮品牌中异军突起，主要有如图10-15所示的3个原因。

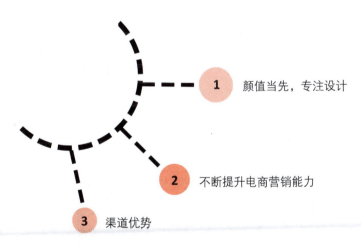

图10-15　90分旅行箱异军突起的原因

（1）颜值当先，专注设计

90分旅行箱突出产品的时尚与个性化，一直遵从原创设计、领先技术与潮流并行的理念，坚持追求设计美感，坚持技术创新，始终以"把生活装在路上"作为理念，如图10-16所示。

图10-16 90分旅行箱产品示意图

以90分×L.a轻盈都市NICE限定系列为例。该款产品以独特的设计,于2019年在法国蓬皮杜艺术中心惊艳亮相,成为我国首家入驻其中的出行生活方式品牌。

这款产品最大的亮点还是设计,理念大胆、热情,极具创造力,曾联合爱马仕前知名设计师Ludovic Alban倾力打造,融合了中法文化元素,巧妙地将奢侈品对色彩和流行趋势的精湛把握运用在产品中。

这个系列一共推出了三款颜色,日光黄热情洋溢;薄暮粉浪漫恬雅;地中海蓝活力灵动。明亮的色彩、摩登的外观,以及人性化的功能设计,突破了传统旅行箱的单一属性,更着重表现时尚元素为日常生活带来的鲜彩感,大大满足了全球年轻消费者日常、休闲、度假等多种出行需求,更是成了都市年轻群体出行度假必备的时髦单品。

(2)不断提升电商营销能力

90分旅行箱基于产品能力不断提升电商营销能力,在产品良好品质的基础上,不断提高电商运营能力,为年轻消费者提供更有体验、更多元的出行产品。

2020年5月4日，正值"五四"青年节，90分旅行箱携两款明星产品强势亮相"松江经委"直播间，受到追捧。

一款是荣获德国iF设计大奖（该奖项被誉为"设计奖中的奥斯卡"）的旅行用品。除精湛的设计外，还有7项专利、全航空级铝镁合金材质、超10000小时的万向轮研发周期，颜值与功能俱佳，完全契合年轻人对产品细节的需求。

另一款"明星产品"是90分七道杠商旅两用旅行箱，全网累计热销370000多只，是90分品牌的性价比之王。它的箱体选用了德国科思创实验室的PC材质，配合七道杠革新设计，坚固耐冲击，质量经得起检验。90分七道杠商旅两用旅行箱不仅获得了德国红点奖，而且被永久收藏于德国红点奖博物馆，在直播现场也收获关注。

（3）渠道优势

90分旅行箱的渠道可以分为两个阶段，第一个阶段是初创期，充分借助小米的品牌背书。小米的赋能起到了非常重要的作用。2015年9月~2016年的90分初创期，小米为90分提供了至关重要的品牌背书、排他性渠道支持、做产品的方法论、供应链背书等，让90分以最短时间度过品牌最艰难的初创期。

第二个阶段是进入发展期后，由于已经从小米的排他性渠道发展到线上与线下、国内与海外多元全渠道，基本上脱离了小米生态链，进入打造产品自己的渠道开发、品牌营销、供应链管理阶段。

这一阶段体现出自己的能力，通过整合全球优质供应链资源、深挖自主研发、深耕运营和积极出海等方式，为众多国货品牌的发展和品牌焕新提供了商业新思路。正如品牌创始人范劲松所说："90分自成立之初就是一个面向全球化年轻人的品牌，立足全球视野，与前沿趋势和先进科技紧密结合，精准洞察年轻一族的出行需求，坚持技术创新，追求设计美感，不仅旨在成为中国新国货的代表，更希望通过全球化资源整合为年轻人提供出行体验的全新升级。"

10.7 恒洁：勇于超越，打造卫浴界的新国货

恒洁是一个卫浴洁具品牌，创立于1998年，典型的国货品牌。二十多年来始终坚持"恒于心，专于质"的品牌价值观，以技术创新为基础，为消费者提供专业的卫浴洁具产品。

在2020年12月第六届中国品牌论坛上，恒洁以家居新国货唯一代表的身份，与华为、伊利、茅台、恒大等各行业领军品牌共同入选"品牌强国计划"，对于民族卫浴品牌乃至整个家居行业的发展，都具有典范意义。

恒洁的发展历程为广大国货品牌提供了宝贵的经验，总结起来有如图10-17所示的3点。

图10-17　恒洁的宝贵经验

（1）坚持产品主义

任何一个品牌要想取得长久的发展，最根本的就是坚持产品主义。在卫浴行业，很多企业采取轻资产运行模式，即不投资设备，不投资研发，直接与专业工厂合作，由工厂提供产品、技术。这种做法虽然投入小、上市快，但缺点是容易同质化，无法形成持久的产品生存能力。

恒洁从1998年创业开始，就一直坚持产品主义。多年来，初心未改。正如恒洁新任CEO丁威所说，"企业要想在中国卫浴市场拥有一席之地，一定要坚持产品主义"。恒洁的"产品主义"体现在自主研发上，自主研发最大的好处是可以针对行业难题、消费特点去投资人、设备，甚至时间和精力，一旦找到解决方案，就可以得到专利保护、技术保护，形成长效的差异化优势。正是因为坚持自主研发，才形成了最牢固的"护城河"。

产品主义的核心是解决行业难题，解决消费痛点，提高消费者体验。比如现在行业普遍认为的智能化趋势，它不是狭义的物联网、远程控制，而是通过智能技术解决行业难题和消费者痛点。

（2）坚持技术创新

恒洁作为制造行业的品牌，不仅仅是将产品制造出来，而是专注于技术革新，做智造品牌。并于2018年入选"新国货智造"计划。恒洁总能抓住智能化发展的时代机遇，不断创新产品，并以此引领行业发展新高度，如图10-18所示。

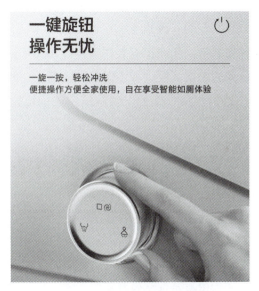

图10-18　恒洁产品智能化的特点

比如，把"恒净除菌系统"装进马桶的恒洁智能双Q坐便器，通过"木合金"创新材质及工艺技术有效防霉，减少细菌滋生的木合金浴室柜，一键切换、精准温控的新翼平台花洒，采用航空级型材和可调距技术建造的易至淋浴房……这些行业内不断取得新突破的创新产品，皆仰赖恒洁集团众多科技创新技术的支撑。

再如，恒洁集团逆势投产智能洁具全自动生产线，以机器取代人工，产品全程不落地，实现全流程的自动化和数字化管控。卫生洁具系列窑炉的数量、产能、自动化程度在业内全面领先。

基于诸如此类的种种科技研发，恒洁以创新技术不断满足用户需求，驱动产业升级。与此同时，还通过培养、广纳、凝聚各类创新型人才，形成足以应对挑战、把握机遇的创新体系，力求通过持续创新，提升企业综合实力。2021年恒洁技术创新和研发实力已稳居行业前列，成为"智能坐便器"行业标准第一起草单位，多次承担与国家和行业标准相关的专项研究工作。

（3）坚守国货初心

制造业是一个国家经济社会发展的根系所在，恒洁本着回归初心，坚持以人为本，创新性地提出了"客户满意、员工满意、股东满意、社会满意"的企业价值观，肩负起"专注品质、持续创新、倡导环保，通过产品和服务致力于提升消费者的生活品质"的品牌使命。

在社会责任方面，恒洁集团也多有作为。以2020年抗疫举措为例，恒洁集团不仅第一时间行动，驰援武汉火神山医院和陕西、广西等多地隔离医院，提供卫浴物资捐赠，进行卫浴设施的安装调试，还依托完善的服务体系，推出"恒洁在线-卫浴24小时远程排忧服务"，切实支持宅家抗疫行动，为中国家庭解决"宅家"期间卫浴使用中遇到的各种问题。

在消费者满意度方面，恒洁注重与消费者的沟通与情感链接，着力将"新国货"与当代消费者的品牌形象、购物体验、沟通方式相联系，以便更加精准地洞察消费者需求方式，提升整体消费体验。

2019年，恒洁集团受邀登上春夏纽约时装周，与中国设计师品牌联合跨界，展示中国文化元素魅力。同时，又联合故宫宫廷文化发展有限公司，通过智能卫浴与国家级文博IP联名款跨界合作的形式，展示国货卫浴中的实用功能和设计美学，体现传统家居品牌与年轻消费者的创新型沟通方式。

正如恒洁集团相关负责人介绍："恒洁作为家居新国货代表之一，我们有义务、也有责任积极践行社会责任，在为消费者带来更高品质的产品和服务的同时，为社会尽一份力量。"未来，恒洁将继续坚守国货初心，提升新国货品牌影响力，用更多创新产品和完善的服务提升国人生活品质，满足人民群众对美好生活的追求。